一本书读懂精益管理

郭耀纯　等著

中国财富出版社有限公司

图书在版编目（CIP）数据

　　一本书读懂精益管理／郭耀纯等著 . — 北京：中国财富出版社有限公司，2023.5

　　ISBN 978 - 7 - 5047 - 7919 - 9

　　Ⅰ . ①一… 　Ⅱ . ①郭… 　Ⅲ . ①企业管理 　Ⅳ . ①F272

中国国家版本馆 CIP 数据核字（2023）第 061326 号

策划编辑	周　畅	**责任编辑**	邢有涛　刘康格	**版权编辑**	李　洋
责任印制	梁　凡	**责任校对**	卓闪闪	**责任发行**	杨　江

出版发行	中国财富出版社有限公司	
社　　址	北京市丰台区南四环西路 188 号 5 区 20 楼	**邮政编码**　100070
电　　话	010 - 52227588 转 2098（发行部）	010 - 52227588 转 321（总编室）
	010 - 52227566（24 小时读者服务）	010 - 52227588 转 305（质检部）
网　　址	http：//www.cfpress.com.cn	**排　版**　宝蕾元
经　　销	新华书店	**印　刷**　宝蕾元仁浩（天津）印刷有限公司
书　　号	ISBN 978 - 7 - 5047 - 7919 - 9/F · 3589	
开　　本	710mm×1000mm　1/16	**版　次**　2023 年 11 月第 1 版
印　　张	15	**印　次**　2023 年 11 月第 1 次印刷
字　　数	230 千字	**定　价**　56.00 元

《一本书读懂精益管理》编委会

自 20 世纪 50 年代丰田汽车公司发明了丰田生产方式以来，准时化的思想和方法在日本工业界得到了广泛应用。后来麻省理工学院教授将其提炼、总结为精益管理的理念和工具并出版成书，使之在世界范围内得到了极大推广和应用。

现在，人们不论是去企业参观，还是参与各种社会活动，甚至是去餐馆吃饭，都可以看到很多与精益管理相关的标语和元素。尤其是去过日本旅游的朋友，更是能深切体会到精益管理对日本社会的影响。

说起精益管理，很多人各种名词张口就来，如 5S（整理、整顿、清扫、清洁和素养）、TPM（全面生产维护）、看板等，但是要让他们系统地介绍一下精益系统是如何运行的，却又说不清楚。我们在参观很多工厂的时候，发现了一个很有趣的事情，有的工厂感觉什么精益工具都在用，到处是标语，但是就是没看到它们发挥作用。这些工厂很多时候没有考虑自己的实际情况，而是直接照搬，对每个工具都是浅尝辄止，并没有深入了解，也就谈不上系统运用，所以精益管理自然就无法发挥作用。

希望本书能够帮助初步接触精益管理的朋友系统地理解精益管理。本书有两个特点：一是溯源性。本书详细描述了多种精益工具的历史渊源。日本企业非常善于吸收其他国家企业的理论和方法，并加以优化，然后发展成自己的理论和方法。精益管理也不例外，精益管理借鉴了很多美国的管理思想和工业工程的方法，如果能够了解这些精益方法和工具的出处，就会更容易理解精益工具和精益管理系统的运行逻辑。二是系统性。本书非常详细地介绍了各种精益工具的逻辑关系。

精益管理可以概括为一个基本思想、两大支柱和三大基础。一个基本思想就是准时化生产。准时化生产可概括为在需要的时间，按需要的数量，生产需要的产品，并且在达成此要求的过程中通过不断消除浪费来降低经营成本。两大支柱是自働化①和准时化。三大基础是持续改进（持续改善）、稳定性和全员参与。

在需要的时间，按需要的数量，生产需要的产品，并且保证成本尽可能低，这是精益追求的结果。那么怎么才能做到呢？

在工业领域，影响产品质量和数量的核心要素是 4M1E，"4M" 指 Man（人）、Machine（机器）、Material（物料）、Method（方法），"1E" 指 Environments（环境），就是我们通常说的人、机、料、法、环五大要素。只有控制好了 4M1E 的质量，才能控制好产品的质量；只有控制好了 4M1E 的投入，才能在满足客户数量需求的前提下尽可能地降低成本。

因此，两大支柱和三大基础围绕 4M1E 展开，先保证 4M1E 稳定，再提升 4M1E 质量和按照客户需要的节奏来控制 4M1E 的投入，从而尽可能地降低成本。

通常，准时化生产分解为 QCDMS 五个方面，QCDMS 是指 Quality（质量）、Cost（成本）、Delivery（交期）、Morale（士气）、Safety（安全）。

从理论上来说，精益管理的技术系统是按照固定的顺序来构造的，但是在实际的应用中，因为每家企业所处的行业不同，发展阶段也不一样，推行精益管理和选择精益工具并不需要按照固定的顺序，企业家可以根据实际情况，规划适合企业的精益策略。

---

① "自働化" 而非 "自动化"，自働化（Jidoka）是让设备或系统拥有人的 "智慧"。

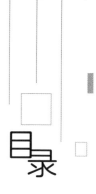

目录

第一章

精益管理的起源

　　自人类社会出现后，不同区域的人群就按照各自的生活方式从事各种生产活动，繁衍生息。而随着社会的进步和技术的发展，生产方式不断改进，产生了重要的变化。总的来说，人们经历了三种生产方式，即手工生产方式、大规模生产方式和精益生产方式。

一、手工生产方式

　　手工生产方式出现的时期较早，流行于第一次工业革命之前，主要以小批量和定制为主，此时，生产者根据客户的要求生产产品，产品一般都是单个生产的，费时费力，每个产品不能保证完全相同，一般质量有差异，制作周期长且成本高。

　　例如，唐代诗人元稹在其《织妇词》中就描写了古代劳动妇女织布的场景："缫丝织帛犹努力，变缉撩机苦难织。东家头白双女儿，为解挑纹嫁不得。檐前袅袅游丝上，上有蜘蛛巧来往。"这时产品生产耗时长、成本高，个人的经验和技术对产品有决定性的影响，主要依靠约定俗成的行规进行管理。手工生产方式主要呈现以下几个特点。

1. 商品定制化

　　这个时期的商品呈现高度的定制化特征，几乎所有的商品都是根据客户的需求定做的，很少有批量生产的情况。例如，现代服装行业能实现批量化生产，而在当时，人们想要购买一件衣服，要从购买布匹开始。经过量身、制作等步骤，一块布匹才能成为合身的衣服。

2. 工具简单化

　　在手工生产时期，并没有所谓的机械化大作业，没有大机器、大厂房。工人们用相对简单的工具进行生产。例如，在当时要制作一件家具，要用到刨子、锯子、角尺、锤子等，这些工具能够辅助工人完成产品的生产。然而这些简单的工具操作起来费时费力，效率低，产品质量并不稳定。

3. 工人熟练化

工人的熟练程度的高低很大程度上决定了产品质量的好坏。工人成了决定产品质量的关键，因此，手工作坊必须保证自己店里的产品出自熟练工人之手。为了提高效率和降低成本，人们通常会采用师徒制的管理方式，让师傅带徒弟，手把手传授，从而保证产品的质量。

4. 质量责任化

在那个时期并没有完整的作业流程和质检工序，主要由制作工人对产品的质量负责。因此，产品的质量很大程度上依赖于工人的责任心和技术能力。例如，唐宋时期的陶瓷制品上，很多就刻了工匠的名字，其中，宋代磁州窑有一件白地黑花枕，枕上留有"明道元年巧月造，青山道人醉笔于沙阳"，枕底留有"张家造"，这款白地黑花枕就标明了时间、匠人名、作坊名等。

二、大规模生产方式

大规模生产方式发源于第一次工业革命。18 世纪 60 年代，工业革命给人类社会带来了巨大的变革，它用机器劳动代替了手工劳动，生产技术有了质的提升，生产效率也随之发生了天翻地覆的变化。大规模生产方式主要呈现以下几个特点。

1. 标准化程度高

大规模生产方式的流行使得商品的标准化成为可能。例如，福特汽车有一款车型一共卖了一千五百多万辆，这款汽车直到现在还保持着单车型的销量冠军纪录。那么福特汽车在制造这款汽车的时候，就需要保持高度的标准化，这样才能使得用户买到的汽车一模一样，用户才愿意根据这款汽车的功能去购买产品。

2. 机械化运作效率高

机械化的高效运作是大规模生产的前提和要求。随着机器的发明和使用，人们逐渐从传统的手工作业中解放出来，大机器代替了手工作业。人们只需要考虑如何进行高效人机互动，确定操作方法、作业流程、人员配置等即可。工人的关注点从物转移到动线中来，流程管理等应运而生。

3. 流水线作业，产品单一

大规模生产方式依靠流水线作业实现，而流水线作业则依靠更细的分工实现。因此，管理者需要对生产作业流程进行一系列的调整，对现有的工序进行拆分，使工人只进行一些简单的辅助工作就可以完成产品加工，减轻各个工序对工人能力的依赖；同时要对各个工序的作业量进行划分，明确每一个工序应该达到的标准。这样生产出来的产品是标准和单一的。

流水线作业使得生产的效率大大提高，但同时，这种生产方式需要的劳动是单一的，工人的创造力得不到表现和释放。长期重复简单劳动会让工人觉得无趣，失去挑战性，对工人自身的发展来说不见得是一件好事。

4. 大规模生产

由于产品的标准化、机械化和流水化，大规模生产成为可能。而大规模生产又能大大降低单位商品的成本。以大家熟悉的服装为例，手工制作的服装极其昂贵，并不是所有的人都能拥有多件手工制作的衣服，然而大规模生产和工业化程度的提高，让每个人无须花太多钱就可以拥有多件衣服。

5. 出现了专职检验人员

由于产品的标准化程度高，企业可以为产品制定统一的质量检验标准。这时，就出现了专门负责检验质量的人员。专职检验人员的出现，让产品的生产管理更加标准和精细，让产品的质量有一定的保证。

大规模生产方式使得产品能够以较低的成本、更大的批量来满足市场日益增长的需求。随着产品产量的不断增加，市场的需求得到了极大满足，市场慢慢变得供大于求，这会造成大量同质化产品库存积压，给企业带来极大的经营压力，同时个性化客户需求的出现，加剧了这种压力。

三、精益生产方式

与手工生产方式和大规模生产方式不同，精益生产方式是一种与现代化联系更加紧密、更加科学的生产方式。精益生产方式的出现与汽车产业有着极其密切和直接的关系。可以这样说，精益生产方式是从汽车产业中出现的。

1. 精益生产方式的由来

近 100 年来，汽车产业一直是全球经济的支柱产业之一。很多专家认为，汽车工业萌芽于欧洲，开花于美国，结果于日本。因为二十世纪七八十年代日本产的汽车在欧美市场获得了巨大的成功。

美国麻省理工学院启动了国际汽车项目（International Motor Vehicle Program，IMVP），用于研究各个国家和主要汽车制造商的生产方式在质量成本交期等方面的差异。这个项目组织十余个国家的专家学者，用时 5 年，耗资 500 万美元，针对全球汽车行业趋势进行研究，基于研究的成果，于 1990 年发表《改变世界的机器：精益生产之道》（*The Machine that Changed the World：the Story of Lean Production*），对全球的生产方式转变产生了巨大的影响。

经过对比，研究者发现基于日本丰田汽车的准时化生产方式与大批量生产方式相比，所有投入都更"精"：工厂人员只需要一半；生产空间只需要一半；工具设备投资只需要一半；开发新产品的设计工时和设计周期只需要一半；现场所需保留的库存远远少于一半。

于是，国际汽车项目研究者约翰·克拉夫克奇（John Krafcik）就把丰田汽车的这种准时化生产称为"Lean Production"，简称"Lean"，后被中国学者翻译为"精益生产"。Lean 原来是一个形容词，通常指无脂肪、瘦且健康的体型，在这里被借来以形容丰田汽车的生产方式，这是对日本丰田汽车生产方式的准时化生产的赞誉称呼。

随着时代的发展，精益的思想和技术已经不再局限于生产管理，也推广到了其他领域。

当把精益应用于生产管理时，称为精益生产；应用于物流管理时，称为精益物流；应用于医院管理时，称为精益医院；而应用精益思想和技术工具的管理方式，可以统称为精益管理。

2. 丰田汽车与精益生产方式

丰田是世界十大汽车工业公司之一，丰田汽车的历史可以追溯到1896 年。

1896 年，丰田汽车公司创始人丰田喜一郎的父亲丰田佐吉发明了日本历史上第一台自动织机，这台自动织机也被称为丰田式汽动织机，是一台不需要依靠人力的自动织机。当时，一名工人可以同时照看三四台自动织机，极大地提高了生产力，受到了业界的极大肯定，甚至英国有一家公司花高价收购这项专利。丰田式汽动织机的发明是丰田汽车公司自动化的基础。

1933 年，丰田喜一郎依靠父亲自动织机打下的基业，成立了汽车部。经过 4 年的发展，1937 年，汽车部独立出来，成为丰田汽车工业公司。因此，丰田汽车的生产方式起源于丰田式汽动织机，发展和成形于丰田汽车工业公司。

丰田汽车的生产方式，就是我们常说的 TPS，TPS 可以概括为一个基本思想、两大支柱和三大基础。

（1）一个基本思想：准时化生产

准时化生产的基本思想可概括为在需要的时间，按需要的数量，生产需要的产品，并且在达成此要求的过程中通过不断消除浪费来降低经营成本。与大规模生产方式不同的是，丰田汽车不刻意追求劳动生产率，而是追求按照客户的需求生产产品，这样就尽可能地减少库存，并丰富产品的种类，实现多品种、小批量的灵活生产方式，并能够在生产的过程中尽可能地保证质量和压缩自己投入的资源。

如图 1-1 所示，丰田汽车的准时化生产的经典模型就是丰田屋。

（2）两大支柱：自働化和准时化

自働化和准时化是丰田汽车生产方式的两大支柱。

与只是用机械代替人力的情况不同，自働化在这里的意思是使系统或者设备拥有人的智慧和本领。例如，当零件或产品在生产过程中出现问题的时候，拥有自働化功能的设备或者系统就能够在当下立刻做出判断并停止生产。自働化的思想和工具来源于丰田式汽动织机。

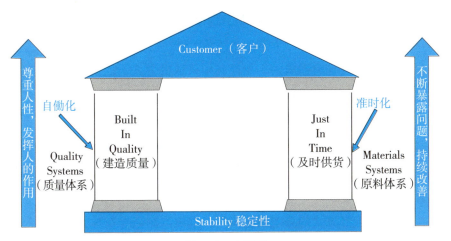

图 1-1　丰田屋

　　这种自働化功能的设备或者系统能够帮助企业达到两个目的：一是实现生产零缺陷，用最小化的投资代替人力，提高生产效率；二是节约"监护"设备的人力，实现人力最小化，即设备或系统发生异常的时候，能够自动停机。

　　第二个支柱是准时化。

　　丰田喜一郎最早提出了丰田汽车准时化生产的原始构想。他在对比了丰田汽车和美国汽车制造商的优劣后指出，像汽车生产这种综合工业，要想满足客户个性化的要求并控制成本，最好是让每个必要的零件非常准时地集中到装配线上，工人按照客户的需要，生产必要数量的产品。这也是丰田汽车生产方式最基本的指导思想。

　　丰田汽车生产方式技术体系的创始人是大野耐一，在丰田佐吉发明丰田式汽动织机的思路指导下，他探索了自働化的思想，发展了自働化的技术工具，使之成为丰田汽车生产方式的两大支柱之一。大野耐一在丰田喜一郎准时化生产思想的指导下，结合美国的超市管理方式，开发了自己的看板管理和拉动系统，最终形成了准时化生产的技术体系，其成为丰田汽车生产方式的两大支柱之一。

（3）三大基础：持续改进、稳定性和全员参与

丰田汽车生产方式的三大基础是持续改进、稳定性和全员参与。

持续改进是任何有追求的企业都必须采取的方式，面对充满竞争的商业环境，企业必须不断发现问题，解决问题，提升竞争力，才能持久经营下去，不断壮大。

稳定性是实现自働化和准时化的前提条件，必须先让生产过程的各种生产要素稳定下来，只有各种生产要素的质量和数量较稳定，才能更好实现自働化和准时化。

与大规模生产方式的分工细化不同，丰田汽车倡导全体人员参与生产过程的维持、改进和创新。

朱正华

2011 年获得人力资源和社会保障部管理咨询师职业水平证书。

2020 年获得欧洲第三方机构 ESSC-D 协会的六西格玛 SMBB 认证。

2008 年 7 月之前在某世界 500 强外资企业工作，2008 年 8 月进入管理咨询行业，从事六西格玛和精益管理的培训和项目辅导。

目前主要工作是管理培训和咨询，擅长产品设计优化和过程优化，是多家世界 500 强跨国企业和国内上市公司的产品设计优化和过程优化培训师。已培训各类带级人员数千人，参与辅导企业绩效改善课题数百个。

第二章

什么是精益

精益是对日本丰田汽车的准时化生产的赞誉。准时化生产方式是丰田汽车在几十年生产实践中总结出来的，起源于一些精益技术工具的应用，壮大于精益管理系统的构建，并上升为企业经营的指导方针。因此，精益不仅指一套技术系统，也指一套管理系统，更指企业的一种经营哲学（见图2-1）。

图2-1　什么是精益

一、一套技术系统

在上个章节中，我们简单介绍了丰田汽车生产方式，介绍了丰田汽车生产方式的一个基本思想、两大支柱和三大基础。丰田汽车准时化生产的基本思想是在需要的时间，按需要的数量，生产需要的产品。这里虽然没有提到质量，但是质量是企业能把产品提供给客户的前提条件。

在工业领域，影响产品质量和数量的核心要素是4M1E。只有控制好4M1E的质量，才能控制好产品的质量，只有控制好4M1E的投入，才能在满足客户数量需求的前提下尽可能地降低成本。

工业领域的诸多改善方式都是围绕着 4M1E 展开的，丰田汽车生产方式也是如此。丰田汽车生产方式与其他日本企业发明的方式一样，都是模仿吸收外国先进的方式，并在吸收中不断创新，演化成适合自己国家的体系。

丰田汽车生产方式相关技术构成如图 2-2 所示。

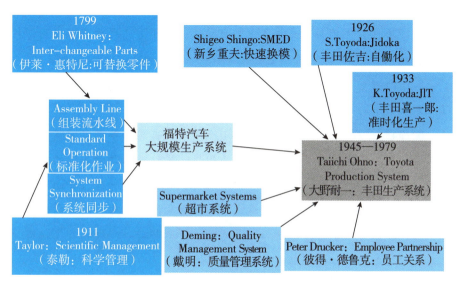

图 2-2　丰田汽车生产方式相关技术构成

知识链接：相关技术里程碑

1. 1799 年，有着"美国科技之父""美国规模生产之父"之称的惠特尼承接了美国政府一个在两年内完成 1 万~1.5 万支枪的订单，而在当时美国军方一年只能生产 300 支火枪。为了完成订单，惠特尼采用这样的生产方式：先确定每个零件的正确比例，再制作相应的模型，最后按照模型生产零件，使每个零件都能找到替代品。这个方式在现在看来不过如此，但在当时，惠特尼是第一个尝试使用它的人。惠特尼发明的可替换零件，使产品的标准化有了基础，使手工生产方式转变为大规模生产方式。

2.1911 年，泰勒出版了《科学管理原理》一书，标志着现代管理理论的诞生。这本书讲述了如何通过科学方法来确定完成一项工作的最佳方法，使管理从经验变为科学。泰勒提出的专业分工、标准化作业、选择最优的员工等理念方法激励和启示了无数的管理者。

3.1920 年前后，福特汽车在组装流水线、标准化作业和系统同步发展较为成熟的情况下，创建了自己的大规模生产系统，极大地提升了汽车生产的劳动生产率，降低了汽车制造的成本，使汽车能够快速普及。

4.1926 年，丰田佐吉成立了丰田自动织机制作所（现为丰田自动织机株式会社），使自働化的技术更加成熟。

5.1933 年，丰田喜一郎在丰田自动织机制作所成立汽车部，随后提出了汽车生产中的准时化生产的原始构想。

6.1945—1976 年，大野耐一等丰田汽车高层去美国参观时受美国超市系统的启发，产生了看板和拉动系统的构想。同时日本邀请美国的质量专家戴明分享质量管理的方法，除了质量工具的使用，还产生了 PDCA（计划、实施、检查、处理）循环，这成了日本企业执行工作和解决问题的核心逻辑，也是日本企业持续改善的主要思路。大野耐一积极吸收了彼得·德鲁克的管理思想，逐步形成了独具特色的丰田生产系统。

日本企业模仿、吸收和创新后形成独特的生产管理方式，并且在内部导师的指导和带领下能够高效执行这套系统，但是在完整表达这套技术系统方面并不擅长。麻省理工学院的教授们对丰田汽车生产方式进行了高度提炼和总结，并发展出更易于企业理解和实施的模型，精益企业模型就是以此为依据将众多的精益工具系统地组织在一起。

典型的精益技术系统模型如图 2-3 所示。

在这里，ABC 是三大基础，DE 是两大支柱，F 是 ABCDE 有效执行后能达到的结果，即实现了准时化生产的基本思想。

准时化生产的基本思想可概括为在需要的时间，按需要的数量，生产需要的产品，并且在达成此要求的过程中通过不断消除浪费来降低经营成

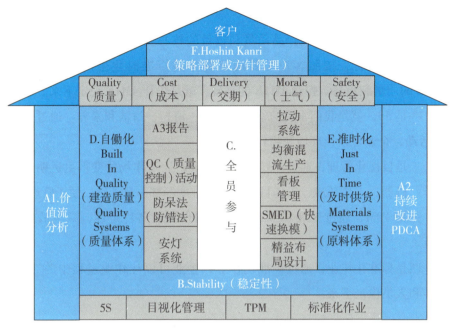

图 2-3　典型的精益技术系统模型

本。其通常可以分解为 QCDMS 五个方面，也就是图 2-3 中的 F 模块。

两大支柱就是自働化（D 模块）和准时化（E 模块）。

丰田汽车生产方式的三大基础是持续改进（A 模块）、稳定性（B 模块）和全员参与（C 模块）。

让我们一起看看各个模块都包含哪些内容以及它们的内在关系。

1. A 模块：持续改进

持续改进是企业长期竞争力的来源。要做好持续改进，就要不断发现问题，然后不断解决问题。其主要包括两个步骤。

一是价值流分析。价值流可以把生产过程中有价值和没有价值的活动区分出来，没有价值的部分就是需要持续改进的部分。价值流分析主要工具是价值流图，我们会在后文中讲到。

二是持续改进 PDCA。通过价值流分析，企业发现了问题，那么怎么解决问题呢？要利用 PDCA 这个解决问题的逻辑思路，然后根据问题类型的不同，应用相应的工具进行解决。

2. B 模块：稳定性

我们之前谈过，影响产品质量和数量的核心要素是 4M1E。要想达到精益生产的目标，按照客户需要的节奏来进行准时化生产，就要控制 4M1E 的质量和数量。控制 4M1E 的基础，就是先让 4M1E 稳定下来。

一是 5S，就是我们常说的整理、整顿、清扫、清洁和素养。通过开展 5S 活动，企业可以让环境和物料稳定下来。

二是目视化管理，通过开展目视化管理，让工作场所变得更透明，让人员、机器、工作环境、工作目标和工作进度等都一目了然，便于管理。

三是 TPM，通过开展 TPM，企业可以保证设备稳定性，减少故障和停机。

四是标准化作业，通过标准化作业，企业可以让作业过程中的方法、标准和人员稳定下来。

3. C 模块：全员参与

全员参与是精益生产方式尊重人的体现。与大规模生产方式中极致追求分工细化和劳动生产率不同，精益管理鼓励全体员工参与生产过程的维持、改进和创新。

4. D 模块：自働化

自働化不是单纯地让设备自己作业，而是让设备或系统拥有人的"智慧"。当被加工零件或产品出现异常时，设备或系统就能即时判断并自动停止工作，然后工人快速响应并解决质量问题。自働化是实现准时化的前提条件。

实现自働化常用的工具有 QC 活动、防呆法、安灯系统等。我们会在下文进行详细介绍。

5. E 模块：准时化

在当前多品种、小批量的市场需求环境下，准时化生产能够实现的前提是拉动系统和看板管理，拉动系统实现的前提是流动和 SMED，要实现流动，就需要进行生产线的精益布局设计。

因此，要实现准时化生产，就要用到精益布局设计、SMED、看板管理、均衡混流生产和拉动系统。这些工具我们都会在下文讲到。

6. F 模块：Hoshin Kanri

Hoshin Kanri，是一种确保企业的战略目标推动公司内各个级别进步行动的方法。通常企业会根据客户的要求和内部的要求制定策略，并进行部署，最后构建完整的指标体系。精益指标体系的完成程度取决于 ABCDE 五个模块的工作的完成度。

二、一套管理系统

上文中我们对精益的技术系统进行了系统性简介。我们常常看到有些企业只是简单头痛医头、脚痛医脚，把精益管理的工具当作解决某个特定问题的工具，却没有发挥出精益管理的系统性优势，自然其实现准时化生产的道路崎岖坎坷。

要让某个精益管理工具得到应用是非常容易的事情，但是想要整个精益的技术系统发挥出极致的效果，就需要改进整个管理系统，构建合适的精益管理系统。

好的精益管理系统应该有：自上而下的精益策略；合理的精益指标体系和评估方法；好的领导水平和管理技巧以让策略得以实施，全员能够参与；合理的精益供应链管理。

好的精益管理系统应该包含以下四个方面。

1. 精益策略展开

在精益管理中，通常通过 Hoshin Kanri 来进行精益策略展开。

Hoshin Kanri 是把企业的纵向和横向职能与战略目标相结合的一种管理方法，可以确保企业的战略目标有效推动企业内各个级别的计划和行动，从而消除企业自上而下方向不一致和沟通不畅造成的浪费。

具体内容可以参见后文。

2. 精益指标体系和成熟度评估

企业可以通过精益指标体系的构建来管理和评估精益实施情况。

日本企业在借鉴了彼得·德鲁克的目标管理体系和美国企业的战略管

理思维后，发展出了自己的 Hoshin Kanri 方法，并以此展开，形成了独具特色的精益指标体系。

精益指标体系的建立与其他绩效指标体系类似，都可以分为三级。第一级指标是战略层面的，第二级指标是业务层面的，第三级指标是执行层面的。

具体内容可以参见后文。

3. 领导者的标准作业

通过标准作业，企业可以保证生产过程稳定。精益策略的展开和精益活动的开展，也可以通过领导者的标准作业来管理。

首先，通过精益策略的展开定义各层级管理者的职责和权限。

其次，通过精益指标体系的分解，设定各层级管理者所对应的经营管理指标，就是我们常说的 KPI（关键绩效指标）。

最后，通过设定各层级领导的标准作业内容来规范领导者需要执行的任务、执行方式和频率。

表 2-1 就是领导者标准作业的典型任务。

表 2-1　　　　　　领导者标准作业的典型任务

管理者岗位	任务	频率
总经理	公司产销总结	每月一次
工厂厂长	周生产表现总结	每周一次
价值流经理	价值流图更新	每周一次
生产经理	日生产汇总	每天一次
生产主管	现场抽查	每天两次
车间班组长	开生产早会	每天一次

4. 精益供应链

通过对供应链的管理，企业可以把精益推行到整个供应链，以使效益最大化。

精益供应链，顾名思义，就是在整个供应链上做到以最低的成本，按照客户需要的质量、数量，在客户需要的时间提供产品，强调消除浪费，减少供应链波动的影响，以最少的投入创造最多的产出。

精益供应链来源于精益管理，同样起源于日本丰田汽车公司，是一种供应链管理思想，其英文名称为"Lean Supply Chains"，指的是将产品从设计、售卖到终端消费者手中这个过程所需的步骤与合作伙伴整合起来，以快速响应顾客多变的需求。精益供应链的核心是减少、消除浪费，用最少的资源最大化满足客户需求。由于精益供应链在减少浪费、降低成本、缩短操作周期、增强企业的竞争优势等方面表现优异，其成为许多企业在管理方面的一种有效方法。

具体内容可以参见后文。

三、一种经营哲学

企业通常是以营利为目的，运用各种生产要素，通过向市场提供商品或服务，实现自主经营、自负盈亏的法人或其他社会经济组织。

因此，企业经营需要符合市场规律，才能实现盈利。

每个企业都有自己的经营哲学，来保证永续经营。企业的经营哲学通常就是企业的信仰和文化基石。

众所周知，企业要想获得利润，产品的销售价格就要大于成本。

过去，很多人都觉得赚钱非常容易，只要产品生产出来，核算好成本，选择好自己的利润空间，然后以此为依据设定销售价格，产品卖出去，就能获得相应的利润。

近几年，很多人都感觉赚钱越来越难了，很多时候销售价格已经接近成本，甚至低于成本了，产品还是卖不出去。

这就如下面两个公式。

公式一：销售价格=成本+利润。

公式二：利润=销售价格-成本。

这两个公式看着是由同样的要素构成的，其实代表了两种完全不同的思维方式（见图2-4）。

图2-4　两种思维方式

在供小于求的时代，只要产品质量还行，销售就不是问题，产品的定价往往由生产商决定，利润自然就有保证。

随着科技的进步，产品的质量和产量都得到了极大提升，产品的同质化程度也越来越高，客户的个性化需求越来越多，很多产品已经进入了供大于求的时代，除了极少数具有特别竞争优势的产品，大部分产品的定价已经不再由生产商决定，往往取决于消费者的需求和竞争的激烈程度。

因此，传统的关于价格、成本和利润的思维方式需要转化。也就是说，要从公式一转换到公式二。

图2-5可以向我们完整地展示这种思维转换过程。

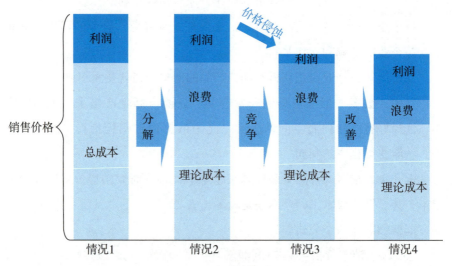

图2-5　思维转换过程

情况1：销售价格是由总成本和利润构成的。

情况 2：总成本的部分，除了生产产品必要的理论成本，还有一些是非必要成本，我们称其为浪费，浪费这个概念我们在后文详细介绍。

情况 3：随着竞争的加剧，企业间的价格竞争更加激烈，在价格下降、总成本未变的情况下，利润就会大幅减少，甚至可能亏损。

情况 4：在价格竞争加剧的情况下，企业要想获得更多的利润，就必须降低总成本。理论成本往往是很难降低的，因此要减少浪费。

精益思想的精髓就是通过不断消除浪费降低企业的成本，增强企业的竞争力。消除浪费的经营理念也是精益企业的经营哲学。

精益的技术系统、管理系统和经营哲学三者的关系如下。经营哲学，即我们信仰什么；技术系统，即我们有什么；管理系统，即我们怎么管理和执行。

在精益思想这样的经营哲学指导下，基于长久可行的精益管理系统去应用精益的整体技术系统，就可以打造一家卓越的精益企业。

朱正华

2011 年获得人力资源和社会保障部管理咨询师职业水平证书。

2020 年获得欧洲第三方机构 ESSC-D 协会的六西格玛 SMBB 认证。

2008 年 7 月之前在某世界 500 强外资企业工作，2008 年 8 月进入管理咨询行业，从事六西格玛和精益管理的培训和项目辅导。

目前主要工作是管理培训和咨询，擅长产品设计优化和过程优化，是多家世界 500 强跨国企业和国内上市公司的产品设计优化和过程优化培训师。已培训各类带级人员数千人，参与辅导企业绩效改善课题数百个。

第三章

精益管理的五大原则和七大浪费

精益管理的准时化生产的基本思想是在需要的时间，按需要的数量，生产需要的产品。企业一方面要满足客户在质量和数量上的要求，另一方面要尽可能降低成本。精益的经营理念就是在保证质量的前提下，尽可能消除浪费来降低成本。

为了在满足客户要求的同时消除浪费，需要用到精益管理的五大原则：价值、价值流、流动、拉动、尽善尽美，如图3-1所示。

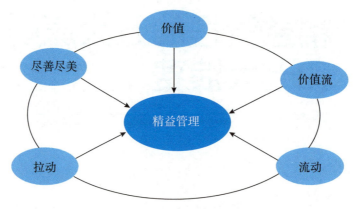

图3-1　精益管理的五大原则

一、五大原则

1. 价值

价值，英文全称是"Value"，价值是由客户来确定的，也就是客户愿意为产品或服务付费的部分。价值只有在由具有特定价格、能在特定时间内满足客户需求的特定产品或服务来表达时才有意义。

依据价值的定义，我们可以把生产或是经营活动区分为三类，即增值活动（VA）、必要的不增值部分（BVA）和纯浪费（NVA）（见图3-2）。

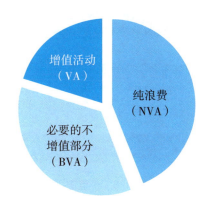

图 3-2　根据价值区分的三种生产或经营活动

增值活动：发生客户需要的物料改变或者满足客户对信息的需求的活动（客户愿意付钱的那些活动），如加工、组装等作业。

必要的不增值部分：虽然没有增值，但是在现有条件下又必须做的工作，如产品的检验、产品在工序间的流动等。

纯浪费：也叫不增值工作，指那些占用时间或者资源，不能使客户满意、客户不愿意付钱的工作，需要消除、简化及减少这些工作。

在这里，"浪费"一词被特别提出，浪费是丰田汽车生产系统的主要创造者大野耐一最痛恨的，他指出了在生产过程中消耗了资源而不创造价值的 7 种人类活动，即需要纠正的错误。稍后，我们会详细介绍七大浪费。这里不再赘述。

精益管理的思想是尽可能消除纯浪费和减少必要的不增值部分。

2. 价值流

价值流，英文全称"Value Stream"，是使一件特定产品通过任何一项商务活动的三项关键性管理任务时所必需的一组特定活动（见图 3-3）。

（1）过程流

从概念设想，通过细节设计和工程，到生产的全过程中解决问题的任务。

图3-3　价值流

（2）信息流

从接订单到设定详细进度，再到送货的全过程中信息管理的任务。

（3）实物流

从原材料制成最终产品，送到客户手中的物质转化的任务。

通过价值流分析，可以发现在三项关键性管理任务中哪些是有价值的，哪些是需要消除的纯浪费。对于纯浪费，企业需要通过应用精益工具进行不断消除，持续改进。一旦精确地定义了价值，并通过价值流完整地设计出了某一特定产品的价值流图，消除了明显的浪费，接着就是流动了。

3. 流动

流动的英文全称是"Flow"。在精益管理中，流动的意思就是让创造价值的各个步骤流动起来，而且尽可能地实现连续流动。引入流动后，三项关键性管理任务的时间都会大大缩短。

这样有价值的活动就可以连续流动起来，并让产品源源不断地流向客户，换回企业需要的现金。

4. 拉动

拉动，就是让创造价值的各个步骤按照客户要求的节奏来进行。在拉动过程中，要注意以下三个要素，即需要的时间、需要的产品、需要的数量。要根据客户需要的时间、产品和数量来进行生产准备，并保证整个过程的流动性。

案例链接：用拉动原则为女友准备套餐

　　小王和女友交往三个月了，这一天，女友交给他一个任务——准备一个套餐 A。针对这个套餐有以下几点要求：19：00 开饭，营养丰富，600~700 卡路里。小王一看要求，想起了自己所学的精益管理中的拉动原则，于是开始为这个任务安排计划。在根据卡路里和营养需求列好所需购买的食材清单后，他是这样安排的：在 17：00 去菜市场购买套餐 A 所需要的新鲜食材，然后返回寓所，到了 17：45 开始洗菜，18：00 开始做饭，19：00 开饭（见图 3-4）。第二天，他就按照自己的计划执行，女友果然在 19：00 吃到了健康可口的套餐 A，她对小王赞不绝口。

·17：00出门
购买套餐A所
需的新鲜食材
·17：45
开始洗菜
·18：00
开始做饭
·19：00开饭
·营养丰富的套餐A

图 3-4　套餐 A 拉动示例

5. 尽善尽美

　　尽善尽美，英文全称是"Perfect"，就是尽可能做到完美。能够精确定义价值，识别整个价值流，并使得整个创造价值的步骤连续流动起来，而且能按照客户的要求拉动价值时，企业就能比以往更接近客户的真正需求，不断减少付出的努力、时间、场地、资金，并减少错误出现。

　　这一内容和前面四部分内容的执行息息相关。当前面四部分做得非常好，就能够暴露浪费，消除浪费。当问题不断暴露出来，并且持续被改善以后，整个经营过程就会越来越好，接近完美。

二、七大浪费

在五大原则中的"价值"中，我们提到了浪费，浪费在日文中为"Muda"，西方学者称为"Waste"。大野耐一把浪费分为七种，即生产了有缺陷的产品；生产了无需求的产品；库存和积压；出现不需要的工序；员工盲目走动；货物从一地到另一地盲目搬运；上道工序发送传递不及时，下道工序的人只能等待。

概括来说，它们就是缺陷、过度生产、库存、过度加工、动作、搬运、等待，也就是通常我们所说的七大浪费。也有人在七大浪费的基础上提出了第八种浪费，就是技能（Skills）的浪费，即未充分挖掘员工能力，因为员工是企业宝贵的资源，也是创造力之源。

1. 缺陷

在精益管理中，缺陷指的是生产不良品造成的浪费。生产不良品就是持续不断地生产出不合格的产品。这些不良品会在生产、检验、返修、报废等环节中造成大量的材料、人力、机器浪费或损耗。

缺陷的主要原因有生产时对产品质量把控不严、机器维修不及时或不彻底、作业流程不规范、缺少作业标准、对客户的需求了解不透彻、原材料不达标、管理不严格等。

而应对这种浪费的策略主要有在作业中加强管理，实现自働化、标准化作业，在工程中创造品质，实现全数检查等。

2. 过度生产

过度生产顾名思义就是生产过多造成的浪费，生产了过多的产品，并没有客户会为此买单，最终企业只能自己承担损失。过度生产还会造成其他浪费的出现，因为过量的产品同样需要额外的动作、搬运、等待，同样会产生缺陷、库存等。

过度生产的主要原因有生产或销售计划不准确、客户的需求不明确、工艺不可靠、自働化程度低、生产时间过长或者延迟、人员或设备过剩等。

应对过度生产的主要策略有明确销售或生产计划、确认顾客的需求、改善设备或制作工艺、彻底执行看板管理、平均化生产等。

3. 库存

有些公司为了满足客户可能的需求而过度库存。这些库存虽然有资产价值，但是流动性并不好，还需要一定的管理、存储成本，因此也被认为是一种浪费。这种浪费的常见类型包括过度生产的成品库存、生产不平衡需要的在制品库存、过度的原材料库存等。

库存的主要原因有意识错误，如认为库存是正常的，是必需的；不结合实际需求大批量生产；管理者为了工作方便先行生产等。

消除库存的常见策略有改变对库存的看法、U 形线或均衡化生产、彻底执行看板管理、精益化生产等。

4. 过度加工

过度加工指的是对产品进行过度设计或者采用过多的加工方法，这类做法通常不能带来太多额外的价值。这也被精益生产认为是一种浪费。例如，某个洗衣机厂商在洗衣机的操作面板上增加了一个电视屏幕，可能并没有很多人需要这个功能或者认为它是有价值的，但厂商因此增加了很多成本，这就造成了浪费。这些浪费都将耗费资源，增加产品的最终价格，使客户不愿意为之买单。

过度加工的原因有很多，主要可以归结为以下几种：对工程顺序把控不严；对作业内容把控不严；对原材料使用把控不严；对工具机器等把控不严；沟通不畅，不了解客户的真实需求。

消除这种浪费的对策如下：对工程顺序进行检讨，使其合适化；对作业内容进行二次评价；对原材料使用进行严格把控；对工具进行改善，加大自働化力度；加大沟通力度，将更多注意力放在客户的真实需求上。

5. 动作

在精益生产中，只要是不产生附加价值的动作，不论是人还是设备，都被称为动作浪费。

动作浪费容易发生在规模较小的企业中，在这些企业中，容易出现生产模式不周全、生产动作不统一等。由此可知，产生动作浪费的原因主要有没有建立作业标准、员工没有经过教育和训练、生产规模小等。

对此，可以用流水线生产、U 形线设备布局、建立作业标准等方式减少这种浪费。

6. 搬运

搬运本身是生产中必要的活动，然而当物品的搬运并没有为产品带来额外的价值时，就会造成浪费。例如，无规划将大批量的产品从甲地搬运到乙地，不久之后，又将产品从乙地搬回到甲地，这样就会造成时间、空间、人力、机械等浪费。

造成这种浪费的主要原因有工厂布局欠佳等，可以用流动的生产方式、U 形线布局等方式应对。

7. 等待

等待是最容易识别的，也是最简单的浪费。等待主要发生在货物或者任务没有进展时，这时，因等待而损失的时间就是最大的浪费。例如，等待主管审批文件、等待工厂交付货物等。

等待的原因很多，主要有规划不合理、流程不畅等，做好任务规划、上下游沟通等能在一定程度上避免这种浪费的出现。

朱正华

2011 年获得人力资源和社会保障部管理咨询师职业水平证书。

2020 年获得欧洲第三方机构 ESSC-D 协会的六西格玛 SMBB 认证。

2008 年 7 月之前在某世界 500 强外资企业工作，2008 年 8 月进入管理咨询行业，从事六西格玛和精益管理的培训和项目辅导。

目前主要工作是管理培训和咨询，擅长产品设计优化和过程优化，是多家世界 500 强跨国企业和国内上市公司的产品设计优化和过程优化培训师。已培训各类带级人员数千人，参与辅导企业绩效改善课题数百个。

第四章

精益管理的实施方法和推广情况

一、精益管理的实施方法

那么，在实际操作中，要采用怎样的实施方法才更容易成功呢？精益管理是一个从局部到整体的展开过程，因此，在实际操作中，可以采取以下几个步骤。

1. 设定短期、中期、长期的目标和 KPI

在具体实施精益管理时，第一步就是要设定合适且符合实际的短期、中期、长期的目标和 KPI（见图 4-1）。

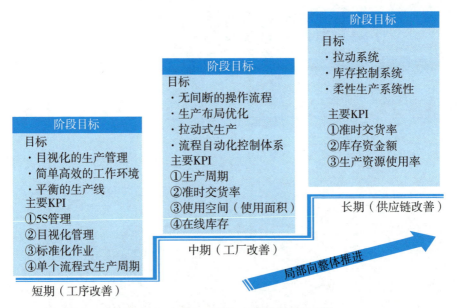

图 4-1　短期、中期、长期的目标和 KPI

其中，短期目标是进行工序改善。主要的目标可包括目视化的生产管理、简单高效的工作环境、平衡的生产线等；主要的 KPI 有实现 5S 管理、目视化管理、标准化作业、单个流程式生产周期等。

中期目标是进行工厂改善。主要的目标可包括无间断的操作流程、生产布局优化、拉动式生产、流程自动化控制体系等；主要的 KPI 有生产周期、准时交货率、使用空间（使用面积）、在线库存等。

长期目标是供应链改善。主要的目标包括拉动系统、库存控制系统、柔性生产系统性等；主要的 KPI 有准时交货率、库存资金额、生产资源使用率等。

2. 实行不定期的"改善周"

通过实行不定期的"改善周"，企业可以集中资源对特定主题应用精益工具进行持续改善。

所谓的"改善周"，就是在一周之内，集中公司的财力、物力和人力，对选择的样本区域进行某个特定主题的精益改善，如图 4-2 所示，通常其实施路径分为六个阶段。

可以每次实施单个精益模块或多个精益模块

图 4-2 "改善周"实施路径的六个阶段

（1）评估

主要工作如下：整体评估，包括 5S 管理、目视化管理、TPM 等；精益价值流图评估，包括价值流图培训（如果需要）、现有状态价值流图绘制等；精益管理体系评估。

（2）计划

主要工作如下：确定改善的产品族、确定改善的样板区域和改善主题、确定改善的时间计划、确定需要的培训内容、确定需要参加培训的人员、确定需要提供的资源、确定改善团队的组织架构、确定改善开展的方式、确定改善成果的验收方式、确定认可和奖励机制等。

（3）培训

主要工作如下：根据计划阶段的改善主题进行培训，包括培训准备、培训实施、培训效果评估等。

（4）样板项目实施

主要工作如下：确定要改善的样板区域，确定该区域需要改善的项目类型，确定该区域改善的时间，确定该区域改善需要参与的人员，通常以"改善周"的方式集中人力、物力、财力实施选定的改善主题，改善效果评估，改善经验总结等。

（5）全面扩散

主要工作如下：制订全面扩散计划，将样板区域的改善经验推广到工厂其他生产线，样板区域改善团队对其他团队进行培训，样板区域改善团队指导其他团队进行"改善周"实施，改善效果评估，改善经验总结等。

（6）推广到供应链

主要工作如下：推动供应商展开精益生产活动，建立精益供应链评估流程，协助供应商制订改善计划，协助供应商获取改善所需的知识，协助供应商进行"改善周"实施。

二、精益管理的推广情况

随着丰田汽车生产方式的成功，丰田汽车的管理系统成了行业关注的焦点。此外，麻省理工学院教授们对精益技术系统的精练总结，使得越来越多的行业和企业开始积极推行精益管理。

从行业的角度来看，从汽车制造业开始，到汽车零部件相关行业，再扩展到整个制造业，而后到服务业，最后到农林牧副渔业，都有精益管理的身影。例如，很多的酒店、银行和医院都将精益管理的理念贯穿整个管理过程，对自己的流程等进行优化升级。很多农林牧副渔企业则直接将精益管理引入食品安全管理，用其保证食品安全。

从地区的情况来看，精益管理在越来越多的国家和地区被知晓和推广，这种模式在欧美地区也一样得到了验证，在亚洲的其他地区也是如此。

　　从个人生活的角度来说，很多人也开始在生活中应用精益管理。比如，断舍离就是 5S 在生活中的应用；家用电器的定期保养维护就是对 TPM 的应用；等等。

王震

　　圣地亚哥州立大学医疗器械专业理学硕士，在中美医疗器械行业拥有超过 10 年的医疗器械项目管理和研发管理经验，在生物医学工程方面拥有 10 多项专利。现任万疆创新（Mednovation）总经理，ONE 投资俱乐部联合创始人，独立 FA（融资顾问）。近期跨境交易包括 Innovheart & GrandPharma、Merion 收购等。

第五章

价值流图

在前面的内容中我们明确了价值流的基本概念，事实上，价值流图就是对价值流的图形化的描述。价值流图的英文全称是"Value Stream Mapping"，简称"VSM"。

一、价值流图的来源

19 世纪 80 年代，丰田汽车公司率先运用减少浪费的方式获得竞争优势，而价值流图就是基于丰田汽车生产系统的物料与信息流图。

价值流图的概念和思想起源于丰田汽车公司，但在开始时它并没有名称，之后被称为"物料与信息流图"（Material and Information Flow Diagram），并在实践中得到总结和发展。

丰田汽车公司的精益生产获得巨大成功，引来了许多专家学者对其进行研究。其中，1990 年，詹姆斯·P. 沃麦克，丹尼尔·T. 琼斯和丹尼尔·鲁斯等就出版了《改变世界的机器：精益生产之道》。1996 年，詹姆斯·P. 沃麦克、丹尼尔·T. 琼斯等又编撰了《精益思想》一书。这时，他们已经将精益生产的视线推向了一个新的高度，但其中并没有涉及价值流图的具体操作方法。直到 1998 年，麦克·鲁斯和约翰·舒克撰写《学习观察：通过价值流图创造价值、消除浪费》，才在里面系统性地总结了价值流图及其应用方法，其中就有价值流图分析。此后，不断有专家对价值流图展开研究，价值流图也较为频繁地运用在各行各业的生产之中。

二、价值流图的作用和常用绘制图标

我们知道，持续改进是精益管理的三大基础之一。持续改进是通过不断发现浪费，然后不断消除浪费来实现的。

通过价值流图的绘制，可以把生产或服务过程中的有价值的活动和浪费找出来，这是后续系统性消除浪费的基础。

价值流图可以分为现有状态价值流图和将来状态价值流图。

现有状态价值流图是用来描述目前整个生产或服务经营过程的现状。将来状态价值流图是按照特定的原则来设计的，符合精益思想和要求的价值流图规划。现有状态价值流图和将来状态价值流图之间的差距就是企业需要持续改善的地方。

价值流图常用的绘制图标如图 5-1 所示。

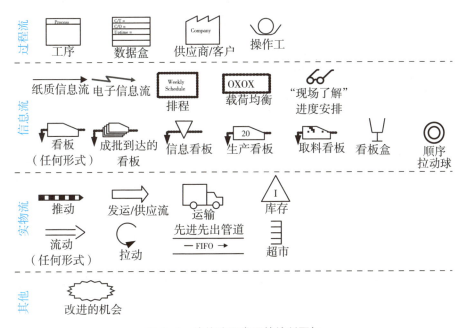

图 5-1　价值流图常用的绘制图标

三、价值流图实施的逻辑

从现有状态改善到将来的理想状态不是一蹴而就的，需要一个问题一个问题去解决，不断开展"改善周"活动，持续改进，才能达到理想的状态。因此，在实施的过程中，也要遵循循序渐进的逻辑，按照"现有状态—立即能实现的状态 1—立即能实现的状态 2……立即能实现的状态 n—

愿景（理想状态）"进行持续改善（见图 5-2）。

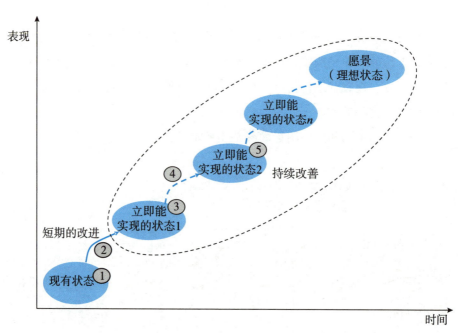

图 5-2　价值流图实施的逻辑

四、价值流图实施的步骤

如图 5-3 所示，价值流图在具体实施的时候，可以按照产品系列选择、现有状态价值流图绘制、将来状态价值流图绘制、改善计划制订这四个步骤进行。

1. 产品系列选择

（1）确定价值流层级

如图 5-4 所示，确定价值流层级是流程级别的、工厂级别的，或者将来有计划推广到整个供应链的。

通常价值流图是工厂级别的，从"门"到"门"的过程，就是从原材料进门到成品出门的过程。

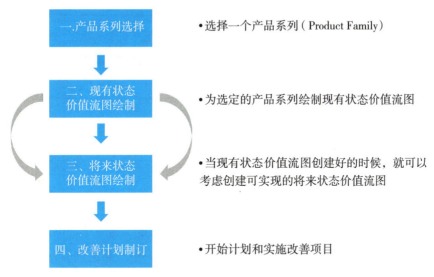

图 5-3　价值流图实施的步骤

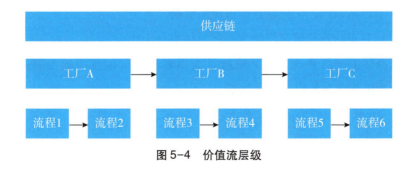

图 5-4　价值流层级

（2）选择产品系列

如果流程中有许多不同的产品，那么就有必要通过"产品/过程矩阵"来评估，即选择对最主要客户产出和业务需求影响最大的产品/流程系列；选择一个销量大、价值高的产品/流程系列；根据客户的行业细分来选择产品/流程系列；选择有相同过程步骤/设备或者使用相同的管理资源的产品/流程系列。

例如，某公司共有 ABCDEFG 七种产品，其工艺和年销售额如表 5-1所示。

表 5-1 　　　　　　　　　　某公司七种产品的工艺和年销售额

产品型号	年销售额（元）	发料	冲压	钻孔	倒角	磨平	铣孔	折弯	喷涂	烘烤	包装
A	400万	×	×	×	×	×		×	×	×	×
B	500万	×	×	×	×	×		×	×	×	×
C	300万	×	×	×	×	×		×	×	×	×
D	10万	×		×			×				×
E	10万	×					×				×
F	5万	×	×			×			×		×
G	15万	×	×			×			×		×

从表 5-1 中可以看出，ABC 工艺相同，可以定义为一个产品系列，或者称为一个产品族。DE 工艺相同，可以定义为一个产品系列。FG 工艺相同，可以定义为一个产品系列。这七种产品一共可以分为三个产品系列。

考虑到 ABC 三种产品构成的产品系列年销售额占比最高，可以选择 ABC 这个产品系列，优先进行价值流图绘制。

（3）现有状态价值流图绘制前的具体准备工作

选择好了产品系列，接下来就是为现有状态价值流图的绘制做准备了。通常需要准备的物品清单如下。

· A0 纸（或者牛皮纸）若干；

· 大量即时贴；

· 胶水；

· 马克笔（至少黑色、红色、蓝色三种）；

· 铅笔、橡皮；

· 白板；

· A4 纸；

· 板夹；

· 照相机；

· 会议室；

· 横幅。

2. 现有状态价值流图绘制

如图 5-5 所示, 绘制现有状态价值流图可以分为七个步骤。

图 5-5　绘制现有状态价值流图的七个步骤

(1) 确定客户的需求

如图 5-6 所示, 这一步骤包含画出客户公司图标和增加客户数据盒。

图 5-6　确定客户的需求

其中, 在增加客户数据盒时, 要确定以下内容:

· 每种型号的平均需求数量;

· 订单情况 (最大最小值、平均值、标准差);

· 包装数量;

· 发货安排;

· 客户订单提前期；

· 预测准确率。

（2）绘制过程流

如图5-7所示，首先收集该产品的工艺路径，尽可能先行去现场确认；接着绘制出所有的过程步骤；最后将库存画在其存在的地方，包括上料点的库存和下料点的库存。

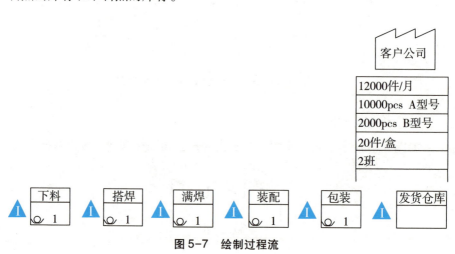

图5-7 绘制过程流

在绘制所有过程步骤的时候要注意以下几点：

第一，一个过程是库存可以停留在其两端（上料点和下料点）的活动；

第二，一个过程不一定只包含一个设备或者是一个功能（视颗粒度而定）；

第三，平行的过程可以画在同期流程的上端或者下端。

（3）收集和填写过程数据

如图5-8所示，主要收集以下数据：

· 周期时间（Cycle Time，C/T）（单位通常是秒）；

· 交付周期（Lead Time，L/T）（又称提前期，单位通常是天）；

· 操作工数量；

- 开机率（Machine uptime）（单位是%）；
- 换型时间（Changeover Time，C/O）；
- 可用工作时间（每班实际工作时间，如扣除工休和吃饭时间等）；
- OEE（设备综合效率）；
- 批量大小；
- 产品型号数量；
- 合格率。

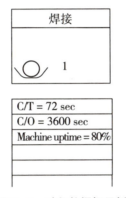

焊接

1

C/T = 72 sec
C/O = 3600 sec
Machine uptime = 80%

图 5-8　过程数据框示例

在这里，还需要明确一些常用指标的解释。

周期时间（C/T），指一个零件完工到另一零件完工之间的间隔时间；

交付周期（L/T），指一个零件从开始进入工厂到成为成品的时间，包括工序交付周期和库存交付周期；工序交付周期通常与周期时间相同。

换型时间，也叫启动时间，指从一种型号切换到另一种型号所花费的时间；

可用工作时间，指扣除了工休和吃饭的时间。例如：每班 8 小时，午休不计入，可以工休两次，每次 10 分钟，则可用工作时间为 $8 \times 60 \times 60 - 2 \times 10 \times 60 = 28800 - 1200 = 27600$（秒）。

（4）收集和填写库存数据

如图 5-9 所示，在生产过程中确认库存是否受控。

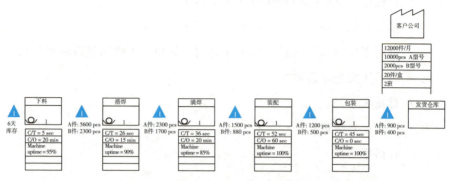

图 5-9　加入了库存信息的过程示例

受控的库存包括 FIFO① 管道或者超市方式；如果库存没有受控，那么就使用库存的标记；统计库存的数量。

库存交付周期通常用天来计算，公式如下：

库存交付周期=库存量/每天的顾客需求量

（5）确定物料流

主要内容包括绘制出主要的供应商；为供应商画出数据盒；画出交付和供应商供货的流动情况；画出交付频率、包装数量或者最小起订量的数据盒。

典型的信息包括：

· 订单情况（最大最小值、平均值、标准差）；

· 包装数量；

· 发货安排；

· 采购订单提前期；

· 采购订单变动状况；

· （客户和采购订单）交付及时率。

最常见的推式生产的情况是各个工序（过程）的速率没有良好协同，物料从一开始就往后推动，而后每天测量各工序的定额产出。

---

① 是 First-In-First-Out 的首字母缩写，就是先进入过程的产品，也先离开过程。

在实施 MRP（物资需求计划）的情况下，常假设备工序产能无限，对于各个点的实际产出状况往往不能准确把握（质量水平、制造周期、库存水平），因此本质上其也是推式生产。

各个工序（过程）之间能够形成良好协同，客户的信息可以及时拉动最靠近客户的上游工序，所以是拉式物流。推式生产或拉式物流的绘制图示如图 5-10 所示，其中拉式物流为（b）。

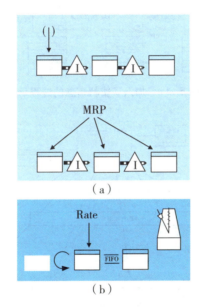

（a）

（b）

图 5-10 推式生产或拉式物流的绘制图示

依据实际情况，画出推式物流，绘制图示如图 5-11 所示。

（6）确定信息流

记录信息系统是如何和客户、供应商沟通。

记录信息是如何被收集/分发的，如通过电子信息流、手工信息流等。

记录生产计划和调度的下发方式（见图 5-12）。

（7）计算提前期和增值比

在价值流图上画出城墙图（见图 5-13）。

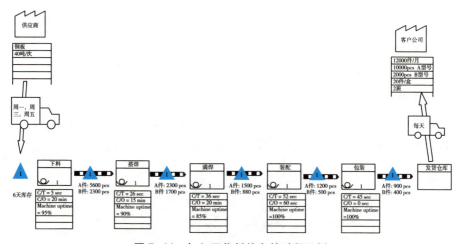

图 5-11　加入了物料信息的过程示例

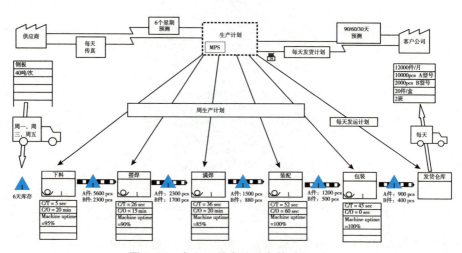

图 5-12　加入了信息流信息的过程示例

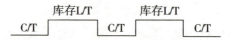

图 5-13　在价值流图上画城墙图

计算制造提前期（生产交付周期）：库存交付周期+工序交付周期。

城墙底是工序交付周期（通常与周期时间相同，即为 C/T），城墙顶是库存交付周期（库存 L/T）。

工序交付周期和库存交付周期的总和，就是生产交付周期，也称为制造提前期（Lead Time）。

工序交付周期，可以直接通过过程数据框中的数据获得，例如下料工序的工序交付周期（C/T）是 5 秒，搭焊是 26 秒，满焊是 36 秒，装配是 52 秒，包装是 45 秒。

以下是搭焊工序之前的库存交付周期的计算示例：

节拍时间 = 每班可用的时间/每班客户的需求量（已知每月生产 20 天，每天两班倒）

27600/［12000/（20×2）］= 92（秒）（每个零件需要 92 秒完成）

· 库存提前期（秒）= 节拍时间×库存

92×（5600+2300）= 726800（秒）

· 库存交付周期（天）= 库存交付周期（秒）/每天可以使用的秒

726800/（27600×2）≈13.17（天）

以此类推，可以计算出焊接前的库存交付周期是 6.67 天，装配前的库存交付周期是 3.97 天，包装前的库存交付周期是 2.83 天，发货前的库存交付期是 2.17 天。

总计的库存交付周期是 34.81 天。

计算增值比（%）。

增值比 = 工序交付周期之和/制造提前期

图 5-14 就是一个完整的现有状态价值流图案例。

绘制现有状态价值流图要点如下。

· 必须以团队的方式来创建价值流图，很少有人会有全部的知识。

· 在多种不同的条件下观察过程，因为可能碰巧看到需要的细节。

· 不要过于关注绘图格式的问题，可以考虑使用记事贴并把它粘贴于墙上来汇总收集的信息。

· 如果收集的信息过多，绘图区域放不下，可以采用索引表来记录信息。

· 如果信息收集不到位，可以返回现场多次观察。

· 必要的时候，使用多种价值流工具辅助观察。

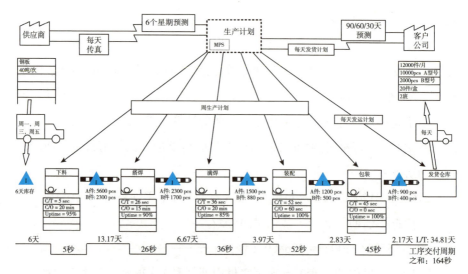

图 5-14　完整的现有状态价值流图案例

· 保持绘制好的价值流图，并经常性更新。

· 和操作工或者办公室员工交谈，可以获得第一手资料。

· 聚焦于过程，而不要太在乎使用什么工具或者符号。

· 如果需要的话，可以创建自己"专属"的符号。

· 确定目前用什么来衡量过程的有效性、效率和客户满意度（并详细记录）。

· 不要使用团队没有确认过的数据。

3. 将来状态价值流图绘制

如表 5-2 所示，将来状态价值流图绘制必须遵循三大类别共 7 个准则。

（1）按照节拍时间进行生产

节拍时间是基于顾客要求的生产节奏。这与之前提到的周期时间完全不同，但是很容易混淆。

节拍时间是分配给一件零件或产品的生产时间，其计算依据是产品销售的频率。节拍时间＝每班可用的工作时间/每班的顾客需求量。

表 5-2　　　　　　　　将来状态价值流图绘制必须遵循的准则

序号	类别	序号	准则
A	客户要求	（1）	按照节拍时间（TT）进行生产
B	流动和拉动	（2）	尽可能创建连续流
		（3）	如果连续流不能够向上游扩展， 建立一个超市或 FIFO 管道来控制生产
		（4）	尝试只在一点（定拍工序）进行生产排程
C	均衡化小批量 生产	（5）	在定拍工序均衡生产多种产品
		（6）	持续向定拍工序下达小批量的生产指令
		（7）	在定拍工序的上游工序建立"每天生产 每种零件"的能力

节拍时间用来同步生产的速度和销售的速度。它为调整各个工序的生产速度提供了依据。

例如：每班的顾客需求量为 920 件，每班 8 小时，午休时间不计入，可以工休两次，每次 10 分钟，则每班可用工作时间为 $8×60×60-2×10×60=28800-1200=27600$ （秒）；节拍时间 $=27600/920=30$ （秒）。

（2）尽可能创建连续流

连续流生产指一次生产一件，每个零件不需要等待，从一个进程直接传递到下一个。我们通常也称其为单件流。连续流的两种主要类型是流水线和 U 形线。

（3）如果连续流不能够向上游扩展，建立一个超市或 FIFO 管道来控制生产

在一些点连续流很难实现，也无法避免批量作业。这种情况包括：有些步骤速度非常快（C/T 很短），而且换型时间长（如冲压）；有些流程在物理上是距离比较远的（如供应商送货），每次运输一件是不现实的；有些流程本身就不能直接和其他流程连接在一起形成连续流（如热处理）。

在不能实现连续流的情况下，可以采用超市或者 FIFO 管道来进行拉动。

能否对在制品上限进行控制，从而对流动进行管理，是推动和拉动的最根本区别。图5-15是利用超市进行拉动。图5-16是利用FIFO管道进行拉动。

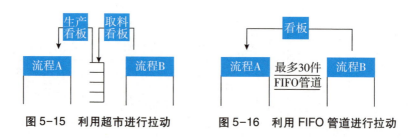

图5-15　利用超市进行拉动　　　　图5-16　利用FIFO管道进行拉动

超市中存放着受控的、流程内的库存，它的存在可以增加制造过程的灵活性；超市的尺寸取决于生产过程的可靠性和换型的速度；超市应该置于前道工序之后；超市需要均衡生产环境。

每种类型的零件需要占有一部分的库存。

FIFO通道是一个受控的、流程内的库存，它的存在可以增加制造过程的灵活性，确保FIFO管道的部件不会过期，同时质量问题不会滞留在在制品当中。

（4）尝试只在一点（定拍工序）进行生产排程

使用拉式系统，需要尝试着只在一点来控制生产排程。这一点叫作定拍工序。

其上游工序的生产节奏由定拍工序的节奏进行控制，而其下游的工序与定拍工序后面的所有工序一起，组成客户订单至发货的提前期。

这就意味着来自客户的外部信息流只能在一点进入价值流，而完成工作所需要的其他信息均来自价值流内部。

图5-17为信息从多点进入价值流的推动式生产，图5-18为信息从一点进入价值流的拉动式生产。

（5）在定拍工序均衡生产多种产品

通过均衡定拍工序的产品生产组合，可以以更短的制造周期和更低库存来满足客户需求。这同时降低了超市的库存需求（见图5-19）。

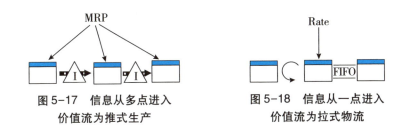

图 5-17 信息从多点进入
价值流为推式生产

图 5-18 信息从一点进入
价值流为拉式物流

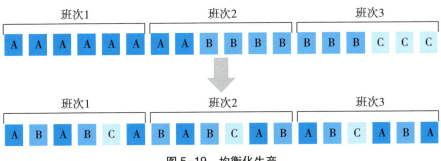

图 5-19 均衡化生产

（6）持续向定拍工序下达小批量的生产指令

一个均衡的生产节拍能够帮助发现生产问题，并可以迅速地解决问题。然而每次只生产一件零件过于困难，所以可以在定拍工位先进行固定的、小批量的生产（如 5~60 分钟或者考虑包装数量）。

这个小批量就称为 Pitch，即单位制造时间。其设置案例如图 5-20 所示。

班次1	7:00	7:20	7:40	8:00	8:20	8:40	9:00	9:20	
班次2	3:00	3:20	3:40	4:00	4:20	4:40	5:00	5:20	
产品A	A		A			A		A	
产品B		B		B			B		
产品C					C				

图 5-20 Pitch 的设置案例

（7）在定拍工序的上游工序建立"每天生产每种零件"的能力

通过缩短换型时间和在上游流程运行更小的批量，下游的工序将能更好应对变化，下游工序所需要的超市尺寸也将继续缩小。

EPEx 的意思是每零件每（周、天、小时、TT、Pitch）（见图 5-21）。

如：A∶B∶C∶D∶E∶F = 6∶4∶1∶1∶1∶1，换型时间为20分钟

	产品A	产品B	产品C	产品D	产品E	产品F	换型（小时）	合计（小时）
第一天	4	1	2				1	8
第二天	3	2		2			1	8
第三天	4	1			2		1	8
第四天	1	4				2	1	8
合计	12	8	2	2	2	2	4	32

EPE 4days

图 5-21 小批量混流生产的设置案例

4. 改善计划制订

当绘制完现有状态价值流图和将来状态价值流图后，就可以根据发现的问题，着手制订改善计划了。

制订改善计划需要遵循以下原则：不要太急于求成；找到浪费的根本原因；相信精益原则；行动计划清晰；选择正确的工具；保持沟通；定期更新价值流图。

郭耀纯

数学与应用数学学士，工商管理硕士（MBA）。

2005 年获得六西格玛黑带认证。

2013 年获得美国项目管理协会（PMI）PMP（项目管理专业人士资格认证）。

2016 年获得 500 强企业认证"金牌培训师"。

2016年获得六西格玛黑带大师认证。

拥有超过16年的企业大型项目统筹和实战经验。擅长将战略管理、项目管理等系统化方法论与企业运营管理紧密结合，为多家世界500强跨国企业和国内上市公司提供绩效提升管理咨询服务，提供精益生产和六西格玛培训、咨询服务，帮助企业显著改善运营质量和效率。

第六章

5S

5S 即整理、整顿、清扫、清洁、素养。以上 5 项内容在日语的发音中，都以"S"开头，故称为 5S 法。

精益传入美国后，演化出由 5 个英文单词代表的 5S，其与日语的对应关系如表 6-1 所示。

表 6-1　　　　　　　　　　5S 对应关系

日语	英语	解释
Seiri（整理）	Sort（整理）	挑出并清除不需要的物品
Seiton（整顿）	Set-in-Order（整顿）	按照整齐的、便于使用的方式布置需要的物品
Seiso（清扫）	Shine（清洁）	清理干净工作区域、设备以及工具
Seiketsu（清洁）	Standardize（标准化）	将前三个"S"进行标准化并严格执行，全面清洁，保证秩序
Shitsuke（素养）	Sustain（维持）	执行前 4 个"S"的纪律

一、5S 的来源

5S 是在日本企业长期的生产实践中被总结出来的。

20 世纪 50 年代，日本企业提出了一个口号，"安全始于整理整顿，终于整理整顿"，并开始推行整理整顿，这个就是 5S 中的"前 2 个 S"，后来随着生产质量控制的要求，提出"第 3 个 S"，即清扫。为了保持"前 3 个 S"，又提出了清洁和素养。

1982 年，日本的"改善之父"今井正明在著作 *Kaizen*（《改善》）中第一次提到了 5S 框架。

1986 年，平野裕之与古谷诚出版了《5S 实践法》，正式在理论层面详细描述了 5S 管理方法的逻辑框架和操作方法，所以平野裕之也被尊称"5S 理论之父"。丰田汽车公司传统上只提前 4 个 S，放弃第 5 个 S，是因为在丰田汽车公司，每天、每周和每月都要进行系统化、标准化操作，再强调纪律就有些多余。丰田汽车公司对 5 个 S 之间的内在联系定义如图 6-1 所示。

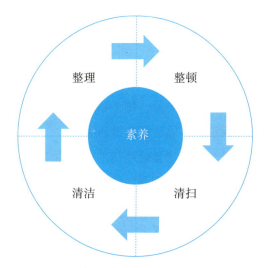

图 6-1　丰田汽车公司对 5 个 S 之间的内在联系定义

二、什么是 5S

在前面的章节中我们讲到精益的技术系统重点关注对 4M1E 等生产相关要素的控制。首先是让 4M1E 稳定下来，然后是通过控制 4M1E 来保证质量，再按照客户需要的节奏来控制数量和降低成本。而 5S 就是一种可以使 4M1E 长期保持稳定的方法之一。

1. 第一个 S：整理

（1）整理的目的

区分需要与不需要的物品，再对不需要的物品加以处理。

（2）整理的对象

无使用价值的物品、不使用的物品、造成生产不便的物品、滞销产品。

（3）整理的步骤

第一，设定合理的判断标准（通常的标准是 1 个月内会不会用到）。

第二，彻底清除不要物品。

第三，避免出现新的不要物品。

2. 第二个 S：整顿

整顿是指将必需的物品整齐放置、清晰标识，尽可能缩短取得和放回物品的时间。

整顿的目的就是能在 30 秒内找到要找的东西，将寻找物品的时间尽量减为零，每个岗位都有组织地设置、每个物品都有组织地存放，物品便于拿取、存放，消除寻找浪费，形迹管理得到应用。

整顿的要点是定置管理。定置管理指的是对生产现场中的人、物、场所三者之间的关系进行科学分析研究，使之达到最佳结合状态的一门科学管理方法。它以物在场所的科学定置为前提，以实现人和物的有效结合为目的，把需要的物品放在规定位置上，使其随手可得。定置管理中的"五定"规则如表 6-2 所示。

表 6-2　　　　　　　　　定置管理中的"五定"规则

序号	"五定"规则	具体内容
1	定标识（定品）	用明确、统一的文字、图标和颜色作为物品和场所的标识
2	定位置（定位）	规划场所和位置，确定合理便利的物品位置
3	定数量（定量）	确定存放数量的最低值和最高值
4	定容器（定容）	对不同的物品，确定合适的存放容器，便于有效存放
5	定方法（定式）	根据物品的类别和形态来决定物品的放置方式，常用形迹管理

形迹管理就是根据物品的形状来管理归位的一种方法。这种方法方便管理、一目了然、物品拿取方便。

3. 第三个 S：清扫

清扫是指清理可能影响作业的垃圾、灰尘等。

清扫的目的是消除工作现场各处的脏污，塑造整洁的工作环境。

清扫的要点有规划清扫责任区域；建立清扫基准，规范活动；管理者示范，树立榜样；定期进行例行大扫除，清除脏污；调查污染源及制定预防对策。

4. 第四个 S：清洁

清洁是指重复做好整理、整顿、清扫，制度化、规范化，包含伤害防止对策及成果维持。

清洁的要点有建立每日、每周和每月任务，保持前面的 3 个 S；在每个区域张贴检查表；使用检查表记录改善机会和建议；定期执行纠正措施和改善措施。

5. 第五个 S：素养

素养是指每个人都遵守规定的事项，并养成习惯。

素养的重点有严以律己，以身作则，以维持 5S 程序；管理层必须起带头作用；教育要彻底；主管要关心；定期循环检查，确保各类作业标准彻底执行。

三、5S 与"断舍离"的关系

近年来，"断舍离"在国内流行开来，越来越多的人接受"断舍离"的理念，开始重新审视自己的生活，以期用"断舍离"的方式改变日益被物欲挤占的生活。事实上，"断舍离"一词最早是日本杂物管理咨询师山下英子提出的，意思是舍弃多余的东西，放下对物品的执着。这种观念与5S 恰好有着一定程度的联系。

"断舍离"的目的是离，核心手段是断和舍。这可以看作日本人将工作中的 5S 方法应用于生活，如断和舍就相当于整理，对物品的归纳管理就相当于整顿里的定置管理，对家庭居住环境和物品的打扫就是 5S 里的清扫，对"断舍离"的工作设定标准并全面执行，可以视为清洁，长期坚持这样做就是素养。由此可见，那些工作中有用的方法会发展成企业文化的一部分，如果延伸到社会生活中并得到良好应用，慢慢就成了社会文化的一部分。

周常

机械工程学士，MBA，获美国项目管理协会 PMP，获六西格玛黑带大师认证，拥有超过 20 年世界 500 强企业管理实战经验，长期致力于精益生产和六西格玛实战、咨询辅导工作。

第七章

目视化管理

目视化管理的英文是"Visual Management"，也可称为"可视化管理"。

目视化管理的定义是一眼即知的管理，即利用形象直观而又色彩适宜的各种视觉感知信息来体现管理的标准要求，塑造"一目了然"的工作场所。

目视化管理有狭义和广义之分。狭义的目视化管理指的是工作场所的目视化管理。广义的目视化管理除了工作场所的目视化管理，还包括工作内容的目视化管理、工作进度的目视化管理、工作效率的目视化管理等；也就是管理者到现场不用询问任何人员，就可以通过目视的方式了解工作内容、工作进度和工作效率等。

本章主要介绍的是工作场所的目视化管理。

一、目视化管理的五大作用

第一，迅速识别，减少寻找浪费，提高工作效率。

第二，信息共享，最大限度将相关人员需要了解的管理信息等直观呈现。

第三，容易判别情况，正常异常一目了然，及时发现并处置异常，减少损失。

第四，预防管理，将品质隐患、安全隐患等及时有效提示给有需要的人员。

第五，提高素养，明确统一规则，规范大家的行为。

二、目视化管理特点

目视化管理可以分为目视化展示和目视化控制。

目视化展示是指能够清楚布置所有的场所、工具、零件、生产活动和生产系统的操作指示，从而使所有相关的人员都可以一看就明白当前的系统状态，主要包括信息共享和标准共享。

目视化控制是指能够让生产系统目视化并且自我调整和自我提高，主要包括现场管理、异常警告、异常停止和异常预防。

目视化管理的特点主要包含以下三部分。

第一，视觉化。以视觉信号显示为手段，让大家看得见。

第二，公开化。将制度、标准、文件的内涵、要点经过提炼、整理，公之于众，实现管理透明，应知尽知。

第三，简单化。传达的信息简单化、直观化，不需要拥有专门的知识或培训，普通人就能判断。

三、目视化管理的主要工具

目视化管理的主要工具有红牌、看板、信号灯、操作流程图等。

1. 红牌

红牌较多用于 5S 中的整理，指的是红色标签。通常其用来区分日常生产活动中的非必需品，挂红牌又称红牌大作战，红牌大作战是一种比较常用的整理方式，具体操作如图 7-1 所示。

2. 看板

看板主要应用在 5S 看板作战中，是展示使用物品放置场所等情况的板子。它能够清楚地向人们展示位置、数量、负责人等信息，让人一目了然。看板能使管理更加透明化、公开化，而目视化管理的一个重要先决条件，就是消除黑箱作业，这与看板的作用不谋而合。

3. 信号灯

信号灯在发生异常情况时及时发出信号，通知工作人员。在生产现场，一线的工作人员必须清楚地了解机器的作业情况，信号灯能够很好地辅助一线的工作人员。信号灯的种类有很多，如异常信号灯、发音信号灯、运转指示灯、进度灯等。

第一步，用红色的标签对所有30天内不会用到的物品进行标示

第二步，将所有带红色标签的物品移入待处理区进行判断和处理

品名：

编号：

数量：

日期：

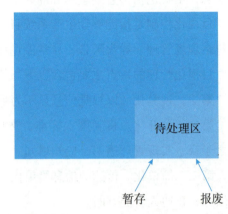

待处理区

暂存   报废

图 7-1　红牌大作战

4. 操作流程图

操作流程图也称步骤图，是用以描述工序重点和作业顺序的简明指示图。一般在车间内，一定会有一个操作流程图。例如，当原材料进入车间后，它的操作流程图可能是这样的：签收—点料—转换—转制。

5. 反面教材

反面教材顾名思义就是让作业人员明白错误的操作方式是怎样的，以及使用这样的操作方式会带来怎样的后果。一般来说，反面教材会比较醒目、简明，让人一眼就注意到，且能够明白错误的地方在哪里。反面教材一般会放置或粘贴在人多的地方。

6. 提醒板

提醒板就是用来提醒人们不要遗漏或遗忘的工具。俗话说："好记性不如烂笔头。"当一样东西被记录下来的时候，一定程度可以降低其被遗漏的可能。提醒板一般设置在车间的进出口处，记录今日有多少产品要生产出来，某日有多少产品要生产完毕等；还可以记录几点有重要的检查等。提醒板的内容一般需要一个月统计一次，通过和上个月或前几个月的

比较，总结这个月的得失，确定下个月的目录。

7. 区域线

区域线主要用于看板管理，一般作用于半成品放置的场所或通道等区域。通常在这些区域内进行整理与整顿、异常情况处理、停线/故障处理等。

8. 警示线

警示线多用于看板作战中，是一条涂在地面上的彩色漆线，一般画在仓库或其他物品放置处，主要用来表示最大或最小库存量。

9. 告示板

告示板也称公告，是一种及时管理的道具，主要用来及时告知大家一些信息，如上午十点开会等。

10. 生产管理板

生产管理板常用于看板管理，是揭示生产线的生产状况的展板，是记录生产实绩、设备开动率、异常原因（停线、故障）等的重要工具。

四、目视化管理的八个步骤

目视化管理的实施可以分为以下八个步骤。

1. 成立推进小组

在企业范围内成立推进小组，明确组长、组员职责，成员必须熟悉各个区域的物品、设施等硬件和管理需求。

2. 分大类、整理明细

小组成员汇总各区域的实物明细及管理要求，形成明细清单，确保无遗漏。

收集标准：小组充分、全面收集企业、行业、国家相关管理标准及要求，再对每类明细进行细化和补充。

3. 制定单项标准

对人员进行分工，进行单项标准文件编制，明确每项标准的名称、目的、范围、规格要求、案例展示等内容。

4. 标准评审

组织企业内各专业职能部门、业务部门代表对制定的标准进行逐项评审，提出建议，小组再对标准细节进行完善、定稿，交由分管领导审批。

5. 全员培训

推进小组对企业全员进行标准宣讲，确保个人对标准充分理解。

6. 现场执行

各单位按照推进小组下发的标准进行区域内整改，统计目视化项目，分工到人开始执行，推进小组成员可分散到现场进行指导，及时纠偏或解答疑问。

7. 现场检查

推进小组组织开展现场检查，对发现的不符合项、未整改项进行通报，限期整改。

8. 常态化管理

这也是目视化管理的最后一个步骤，要将目视化检查归到现有某个部门，交由其进行常态化检查，一般公司会归到安全部门、企管部等。

五、目视化管理的应用

目视化管理在实际的工作中，应用范围非常广泛，不论是制造工厂，还是服务性场所都有应用。如表 7-1 所示，目视化管理的各种工具不仅可以单独应用，还可以综合应用。

表 7-1　　　　　　　　目视化管理工具或应用范围

类别	具体工具/区域示例
通用类	画线
公共区域类	外围通道、食堂、浴室、停车场、草坪、厕所
安全类	灭火器、消防栓、护栏、警示牌、标识牌
现场类	清扫工具、生产工具、物料、备品备件、看板、私人物品、工具箱、操作室、休息室
设备类	水泵房、液压站、配电室

续　表

类别	具体工具/区域示例
仓库类	综合仓库
实验类	（检）化验室、光谱室
办公类	办公室、会议室、档案室、储存室

常见的目视化管理应用有以下几部分。

1. 工厂区域目视化

通过使用区域线、标识牌等工具对厂区进行目视化管理，使人们能够清楚明白标示自己所处的位置和应该注意的事项，为企业灵活运作提供支持。

2. 现场定位目视化

通过使用通道线、存放区标识等工具，使得每一个在生产制造现场的人都能有效使用设备、工装、工具、物料，进行办公清洁等。

3. 物料标识目视化

物料标识目视化指的是对各种状态下的物料，如设备、工具和工装的状态等进行处理，使其标签化、可验证化。这样在有物料需求的时候，员工就可以直接通过标签传递信息，能够很大程度上提高操作者管理人员的效率。

4. 色彩目视化

色彩目视化指的是对操作现场的各种各样的信息，如人员信息、检测信息、物料信息等，进行着色管理，以提高工作人员的现场管理效率，达到高效管理的目的。

5. 安全管理目视化

安全管理目视化指的是在一线工作和管理中将相关的安全要素做目视化处理，以满足安全管理要求。安全管理目视化应用范围很广，如交通、消防、化学药品等领域都会用到它。

6. 看板目视化

看板目视化是将涉及企业管理的各方面信息如管理信息、生产信息、办公信息等及时通过看板的形式与大家共享，这样能使大家在决策的时候更加准确和高效。

党争奇

毕业于西北工业大学工业工程专业，拥有 20 多年精益管理企业工作经验和培训咨询经验，编著《图解班组管理实战》《图解 7S 管理实战》。

第八章

TPM

全面生产维护又称 TPM，英文全称是"Total Productive Maintenance"，指通过全员参加的生产性设备保全管理来提高生产效率，使生产效益最大化的生产管理活动。

"全"在这里有三个含义，即全效率、全系统和全员参加。

全效率是指在尽可能延长的设备寿命周期内，追求极限的综合效率。

全系统是指以整个生产系统全体生命周期为对象，构建能防患于未然的机制，避免灾害、不良品、故障等发生，最终达成零损耗的目的。

全员参加指这一保全体制的群众性特征，从企业高层到一线员工，全部人员都要参加 TPM。

一、TPM 的来源

随着工业革命的开展和大规模生产的发展，专业分工越来越细，设备越来越复杂、越来越大型。设备出现故障，会严重影响企业的生产效率和产品品质，于是很多企业成立了专门的设备保障部门。

20 世纪 50 年代，美国企业在生产实践中总结了四种常用的设备保全维护方法。

第一，事后保全（Breakdown Maintenance，BM），指在装备出现故障后，立即采取应急措施的事后处置方法。

第二，预防保全（Preventive Maintenance，PM），指在装备出现故障前就采取一定的对策进行事先处置的方法。

第三，改良保全（Corrective Maintenance，CM），指延长装备寿命的改善活动。

第四，保全预防（Maintenance Prevention，MP），指为了拥有不出现故障、不生产不良品的装备而进行的活动。

20 世纪 60 年代，美国企业综合了以上四种设备保全维护方法，发展出了独特的美式生产保养，即 Productive Maintenance，简称 PM。美国的 PM 以设备为中心，通过对设备制造方法的改善和设备保全方法来追求极限水平的设备效率。

20 世纪 60 年代，日本企业将美国的 PM 引入日本，并进行了改良，把保全维护推广到整个生产系统，并要求全员参与，从而发展出了自己的 TPM 系统。

1971 年，日本设备工程协会（JIPE）提出了 TPM，并将 TPM 规定为：以追求最高的设备效率为目标；构建一个设备生命周期全过程的管理框架（设计—制造—安装—调试—运行—维修—改进—调试—运行—维修—报废）；所有的功能部门都参与到 TPM 中来；积极鼓励全员参与，从高层管理人员到一线设备操作人员；通过开展小组的自主活动来推进 TPM。

1989 年，TPM 被重新定义，有了更深的内涵，也就成了人们所熟知的广义的 TPM。

二、TPM 管理的目的

TPM 管理的主要目的是通过改善企业中关于人和设备的体质，改善企业体质。其中，改善关于操作人员的体质就是改善操作人员的工作流程，使其能够自主保全；改善关于保全人员的体质，使其能够保全机械设备；改善关于生产技术人员的体质，使其具备免保全的设备计划能力。改善关于设备的体质就是改善现有设备效率，使新设备的寿命周期成本设计和实施得到改善。通过人和设备的改善，企业发生改变，主要表现为零故障、零不良、零损失、零灾害等。TPM 管理的主要目的如图 8-1 所示。

通过推行 TPM，企业和人员都可以获得极大提升。

对企业来说：全员参与管理活性化；设备性故障明显减少；设备综合效率提高；设备管理相关部门沟通效率明显改善；产品良率明显稳定；设备使用总成本明显降低；库存明显减少；企业凝聚力、形象明显改善。

对员工来说：个人设备技能明显提升；个人综合素质明显提升；个人

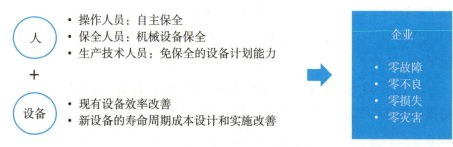

图 8-1　TPM 管理的主要目的

绩效与收入有明显改善；个人与团队更加和谐。

三、TPM 的管理框架

通过吸收发达国家的做法和最佳实践经验，结合中国企业管理实际，我国逐渐形成 TPM 的管理框架，这个框架包含两大理念、三项基础、四大目标和八大支柱，具体如图 8-2 所示。

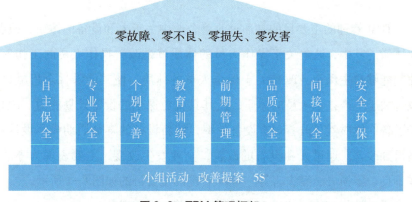

图 8-2　TPM 管理框架

1. 两大理念

TPM 的两大理念是全员参与和预防为主。

2. 三项基础

TPM 的三项基础为小组活动、改善提案、5S。小组活动是指整个 TPM 的推行是以小组的形式展开的团队作业。改善提案也称员工合理化建议，全体员工都可以提出自己的改善建议。5S 是 TPM 的技术基础，只有通过 5S 活动，让工作环境更整洁有序、物料更合理整齐，TPM 的推行才更加容易。

3. 四大目标

TPM 的四大目标为零故障、零不良、零损失、零灾害。零故障是指计划外的停机时间为零；零不良是指设备原因造成的不良品为零；零损失是指设备原因造成的速度损失为零，零损失也被称为零浪费；零灾害是指设备运行中安全事故为零。

4. 八大支柱

TPM 的八大支柱分别是自主保全、专业保全、个别改善、教育训练、前期管理、品质保全、间接保全、安全环保。

自主保全：TPM 强调全员参与，因此维修保养遵循的首要原则就是"谁使用谁负责，谁管理谁负责"，而不是将责任推给维修部门。这就要求企业据此建立起一套相关的工作机制。针对一些专业性并不那么强的机器设备，使用和管理它的人作为第一责任人负责保全。

专业保全：一些较为特殊的装备，需要特定保养和专业维修。"谁使用谁负责，谁管理谁负责"这一原则就不一定适用了，这就要求专业人员一起设定一套维护机制，并据此严格执行、主动优化，达到积极维护的目的。

个别改善：由 TPM 小团队针对设备的六大损失，通过专业的工具或者技能进行一系列改善。

教育训练：将相关的设备维修知识纳入企业的培训战略，建立相关的培训体系，优化员工的知识结构，让员工具备维护保养的技能。

前期管理：在新设备投入使用后，及早介入设备的管理和维护，这样能够最大限度减少后期修理或调整，从而达到提高生产效率、减少浪费的目的。

品质保全：在设备管理中，要时刻保持质量管理中零缺陷的意识，将一些管理工具如鱼骨图、FMEA（失效模式与影响分析）等应用其中，达到保全设备品质的目的。

间接保全（事务管理保全）：TPM 强调全员参与，这离不开事务管理保全，它能够协调各部门，将 TPM 管理要求与流程嵌入各部门的日常运营，因此，要做好事务管理保全这一工作，从而使 TPM 在组织中高效开展。

安全环保：要保证设备在操作和使用中处于安全、环保的环境中，因此，相关工作人员一定要有足够的安全防护和环境保护意识，从而保证设备的安全，避免对环境造成负面影响。

四、六大损失和 OEE

零损失是 TPM 的四大目标之一，那么设备相关的损失都有哪些？损失的大小又如何衡量呢？

1. 六大损失

如表 8-1 所示，损失按照发生原因的不同可以分为六类，即六大损失。

表 8-1   六大损失

损失类别	衡量指标	六大损失
可用性损失	时间稼动率	非计划停机（故障停机）
		计划停机（设置 & 调整）
速度损失	性能稼动率	小的停机（其他中断）
		运行速度降低
质量损失	合格品率	启动质量缺陷
		加工质量缺陷

（1）非计划停机（故障停机）

非计划停机指的是设备本应生产运行却无法生产运行的状况。常见的原因有缺少操作者，缺少材料；上游来件慢导致空位；下游出件慢导致堵塞；设备故障；工装夹具故障；临时性维护等。

（2）计划停机（设置 & 调整）

计划停机指的是设备设置和调整造成的停机。常见的原因有配置设备；换模；热机；计划性维修；工装夹具和设备调整；清洁；质量检查等。

（3）小的停机（其他中断）

小的停机指的是时间短于 2 分钟的停机，或者设备维护人员工在 2 分钟内能够解决的停机。常见的原因有上错件；卡件；堵塞；参数设置错误；传感器位置错位；设备本身设计问题；周期性快速清理等。

（4）运行速度降低

运行速度降低指的是设备运行速度低于理想速度。常见原因有环境条件差；操作者经验不足；设备污损和磨损；润滑不当；材料不达标；启动和关闭速度慢等。

（5）启动质量缺陷

启动质量缺陷指的是从配置设备到稳定生产这段时间里产生的缺陷零件，包括报废件和返修件。常见的原因有设备需要热机；不完美车型切换；设备固有的特点导致重新设置后产生报废件；切换车型后设备配置不正确等。

（6）加工质量缺陷

加工质量缺陷指的是在稳定的生产过程中产生缺陷产品，包括报废件和返修件。常见原因有操作者或设备处理错误；设备参数设置错误；材料不符合要求；作业方法不标准等。

2. OEE

六大损失大小的衡量可以通过 OEE 来进行。

OEE，英文全称是 Overall Equipment Effectiveness，即设备综合效率，其本质就是设备负荷时间内实际产量与理论产量的比值。OEE 可以衡量设备的综合效率，综合效率越高，六大损失就越小（见图 8-3）。

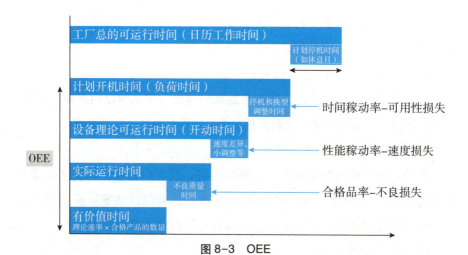

图 8-3　OEE

相关的 OEE 有以下几种。

OEE=时间稼动率×性能稼动率×合格品率

时间稼动率=开动时间/负荷时间

・ 开动时间=负荷时间-停机和换型调整时间

・ 负荷时间=日历工作时间-计划停机时间

性能稼动率=净开动率×速度开动率

・ 净开动率=加工数量×实际加工周期/开动时间

・ 速度开动率=理论加工周期/实际加工周期

合格品率=合格品数量/ 加工数量

在 OEE 公式里，时间稼动率反映了设备的利用情况，衡量了非计划停机、计划停机的损失；性能稼动率反映了设备的性能发挥情况，衡量了设备小的停机、运行速度降低等损失；而合格品率则反映了设备的有效工作情况，衡量了设备加工过程中的不良损失。

五、TPM 管理推进步骤

TPM 管理推进步骤如图 8-4 所示。

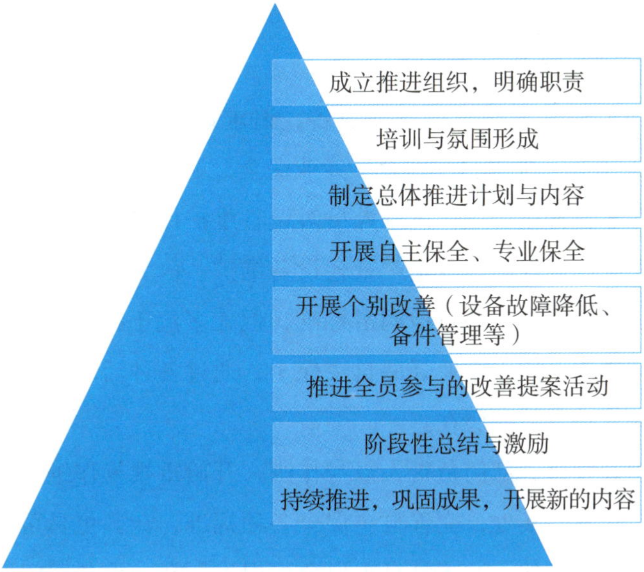

图 8-4　TPM 管理推进步骤

1. 成立推进组织，明确职责

在企业层面成立推进小组，明确职责，形成强有力的推进组织。

2. 培训与氛围形成

开展全员参与的 TPM 理论知识培训，普及基本理念、方法，宣传 TPM 管理的成效，建立激励机制，明确 TPM 管理推进的激励政策，激发全员参与的积极性。

3. 制定总体推进计划与内容

结合企业实际，设计 TPM 管理推进总体计划，如 1～3 年计划，明确每年每月具体推进内容，确保推进是系统规划的，而非碎片式、断层式的，切忌一阵风、三分钟，只有系统规划，才能达到最终的效果。尤其是刚开始推进时，更多是进行完善基础工作，短期的效益不能明确显现，所以要有长远规划，才能得到企业高层领导、各部门的积极配合。在设计计划时，结合长远规划与短期效果，避免长时间没有呈现结果导致领导、各部门消极应对。推进组织需要充分考虑企业实际和 TPM 系统总体内容，如哪些体现短期效益、哪些工作要长期开展，确保 TPM 工作不虎头蛇尾，有节奏有序进行。

4. 开展自主保全、专业保全

TPM 主要还是发动全员关注设备，追求设备效率最大化，现实开展 TPM 有两条主线，推进自主保全、专业保全，更容易出效果。

自主保全，即生产操作设备人员对设备维护保养，在很多企业由于管理制度不完善，一线操作者重产量轻设备维护，认为设备管理是设备部门的事情，虽然企业有一些点检润滑标准，但大多流于行式，徒有其表，没能达到预期效果。所以企业开展自主保全，通过各种活动，让员工愿意深度参与设备维护是精髓所在。

通过领导宣讲，部门负责人以身作则，开始重视操作维护，让自主保全的各项工作落到实处，完善自主保全各项标准，让其更具可操作性，实践起来是可以做到的。这才是自主保全的根本所在，设备部门要对操作设备的人员开展全面培训，包括设备维护的意义、设备的工作原理、设备结构、常见故障排除方法、重要的点检项目/润滑项目以及具体操作技法。要确保生产操作人员充分理解、掌握，可采用多种形式如 OPL（单点课程）、TWI（一线主管技能培训）、视频教学等，让操作者既能作业也能规范填写记录表，以便定期统计分析。此外，操作者要有辨识设备运行异常及处理异常情况的能力，不要让员工做超出能力、不符合实际的工作，这会加剧员工的抵触心理。

专业保全就是设备部门做好分工，结合片区、专业等特性，更好协同开展工作。不同企业做法差异较大，对设备的重视程度不同，专业保全部门的架构、人员不同，大致可分为三大类。第一类就是生产工序专业、复杂、精度要求高的企业，如流程型钢铁、石化企业等，这类企业设备运行的水平很大程度上决定了企业的管理成本、产品的质量，一般其会把专业保全分为点检、维修两部分，发挥点检人员的专业性，日常定期点检发现问题，准确把握设备运行状态，预知设备维修内容，从而比较精确地提报备品备件的需求，明确库存。维修人员专门负责设备修理和部分点检工作，两组配合确保设备长周期运行，实现顺序生产。第二类企业则是运用大量同类型、同功能的设备的企业，这些设备一般为中型，通用性高。这类企业一般是设备专业人员既点检又维修，人员配置较少，因为设备出现异常对生产影响不大，都有替代设备。这类企业一般对设备维护不太重视，由于企业设备人员重维修轻点检，设备故障频发，不能有效预防，基于此，建议充分发挥操作人员对设备的自主保全，充分培训操作人员，发挥操作人员长时间接触设备、熟悉设备从而能第一时间感知设备异常的优势，才是出路。第三类企业则是混搭型企业，既有大型重型设备，也有通用设备，建议分工序建立对应的设备管理模式。

5. 开展个别改善（设备故障降低、备件管理等）

除了常规的设备活动开展，应更好体现长期与短期结合、规范与效益结合，聚焦现实中存在的设备问题、重复发生的问题，开展跨部门、跨职能改善课题，此之谓个别改善（焦点改善）。比如，对某些生产关键设备可开展故障率降低改善，利用 3~4 个月，跨功能小组聚焦研究、把握现状，分析原因，制定及实施对策，进行效果验证。有效改善设备现存问题，取得明显的改善收益，可激发大家持续推进 TPM 的信心、决心。

6. 推进全员参与的改善提案活动

为了营造全员参与氛围，企业可通过组织开展员工改善提案活动，发动员工寻找设备六源并力所能及改善，从而让设备保持一个良好的现场状态，为后续深层次开展设备点检、润换、故障管理、备件管理奠定坚实的基础。设备六源即污染源、清扫困难源、故障源、浪费源、缺陷源、危险源。寻找设备六源活动的开展对设备状态的维护是非常有效的。企业可以组织一线员工开展小组活动，每次活动确定一个主题，通过一定时间的现场活动，激发员工的兴趣，及时发现设备潜在的问题从而及时处置。这是我们多年从事企业管理实践发现的较好的方法之一。过程中企业可以开展员工的设备培训，让员工逐渐加深对设备的理解，这样才能更好发挥设备最大效能，企业必须重视这项基础工作。

7. 阶段性总结与激励

开展管理改善活动，必须进行阶段性总结和反思，从而制定下一步计划和内容，必要时要开展回头看活动，阶段性总结非常重要。总结经验继续发扬，反思不足以在下阶段改善，争取更好的效果。企业对一些表现积极的团队、个人进行及时激励，是管理变革活动得以持续和成功的法宝，也是体现高层领导参与和重视的一环，必须用心策划和开展阶段性总结与激励。

8. 持续推进，巩固成果，开展新的内容

TPM 管理内容体系化，涵盖面很多，很难一蹴而就，需要短期提升，更需要长期坚持。一个阶段工作之后，在总结的基础上，更好策划下阶段内容和形式，是巩固前期成果的需要，也是不断完善全面生产维护体系，最终实现预期成果的需要。策划内容时，既要完善前期的薄弱环节，又要有新的内容和形式，让参与人员不断被吸引、被激励，最终分阶段完成TPM 八大支柱的内容，实现设备效率最大化、运行成本最小化。

党争奇

毕业于西北工业大学工业工程专业，拥有 20 多年精益管理企业工作经验和培训咨询经验，编著《图解班组管理实战》《图解 7S 管理实战》。

第九章

标准化作业

在前面的章节中，我们曾经提到，日本的企业在生产管理过程中非常注重 4M1E 的管理。

从精益管理模型可以看出，实施精益管理的基础是稳定性。所谓的稳定性就是让生产过程中的 4M1E 变得稳定。

日本企业从美国的工业工程中吸收了标准作业的精髓，并将其演化形成独具精益特色的标准化作业方法，让生产过程中的作业方法和人员技能更稳定。

一、标准化作业发展史

标准化作业在工业发展体系中有着不可或缺的作用，是工业工程中最基础和最经典的内容，是公认的提高生产力、建立企业基础标准的重要手段。它在欧洲、美国、日本等地得到广泛应用和发展，为多个国家和地区工业化的高速发展做出了重要的贡献。其发展过程经过了"创建期—发展期—成熟期"三个阶段。

1. 创建期：泰勒与吉尔布雷思夫妇功不可没

现代工业的标准化作业起源于泰勒（Frederick Winslow Taylor，1856—1915）的时间研究和吉尔布雷思夫妇（Frank B. Gilbreth，1868—1924；Lillian M. Gilbreth，1878—1972）的动作研究。

19 世纪末 20 世纪初，美国工程师泰勒发明了很多科学的方法和原理，替代了原来纯靠经验的做法。他的《科学管理原理》一书内容广泛，涉及制造工艺过程、劳动组织、专业化分工、标准化、工作方法、作业测量、工资激励设定，以及生产规划和控制等问题改进，其科学性和系统性引起了人们研究系统思考科学管理的兴趣，开辟了工作研究的道路，为后来工业工程的发展奠定了基础。

知识链接：时间研究

时间研究的发明者是泰勒，其起源于他的"铁铲试验"。泰勒因为眼疾退学之后，受雇于钢铁公司。1878 年起他在密德瓦钢铁公司工作的时候，从基层做起，刻苦学习和钻研，改进操作方法，科学设定劳动定额，采用标准化，大大地提高了效率，降低了成本。1898—1901 年，他在美国伯利恒钢铁公司工作的时候，发现工人不愿意使用公司提供的铁锹，于是他对工人铲煤和铲矿砂的工作进行了研究，对工人的工具进行了改进，并设定相应的劳动定额及奖励制度，从而在短短的三年半内，使工厂过去需要 400~600 人做的工作，只需约 140 人就可以完成，铲煤的成本也大大降低。后来，泰勒使用秒表对搬运铁块的作业进行了时间研究，使效率提高了 4 倍，这一项改进给公司每年节省了几万美元。

1910 年前后，美国的吉尔布雷思夫妇开始从事动作研究和工作流程研究，归纳了 17 种动作的基本因素，为工作和操作方法的改进和后来的预定时间标准创造了科学依据，提供了基本方法。

知识链接：砌砖研究

开展动作研究的历史可以追溯到吉尔布雷思的"砌砖研究"。当初，他为一家营造商工作，发现工人砌砖的方法各不相同，效率差别很大，于是他开始研究砌砖过程中的每个动作。经过认真分析研究，他验证得出了一套专门的砌砖操作方法和灰浆调和方法，使得砌每一块砖的动作由 18 个减少到 5 个，每小时砌砖数量由 120 块增加到 350 块，工作效率提高了近 200%。

2. 发展期：两个学派的对立与融合

在泰勒和吉尔布雷思夫妇去世后，泰勒研究会和工业工程学会的观点出现了分歧，甚至产生了对立。其中，泰勒研究会重点推广时间研究，而工业工程学会则重点推广动作研究。前者认为后者要研究各种设备，过于浪费；而后者又指责前者对时间的研究不精确等。这种分歧和对立一直持续到1930年，在不断的实践检验中，两派的学者意识到时间研究和动作研究并不是孤立的，离开任何一方，研究都可能不完整，甚至可能走向极端。

于是，两派开始促成时间研究和动作研究的一元化，最终于1936年合并成立美国企业管理促进协会。在此后的发展中，随着动作研究技术的不断发展，其进一步延伸到对操作和作业流程的研究，逐步形成了方法研究，不断形成完整的方法研究体系，使时间研究的技术日趋完善。众多预定时间标准相继被提出，更是促进了时间研究和动作研究的紧密结合。到了20世纪40年代中期，时间研究更名为作业测定（Work Measurement），至此，时间研究与动作研究结合在一起，统称为工作研究。

除此之外，很多人对时间研究和动作研究的发展起到了非常重要的作用。比如，巴恩斯（Ralph M. Barnes）提出了"动作经济原则"，莫金逊（Allan H. Mogensen）于1930年提出了"工作简化原则"，美国无线电公司的J. H. 奎克、W. J. 希尔和R. H. 考霍列夫于1935年创立了"工作因素系统"技术，西屋电气公司的H. B. 梅纳德、G. J. 斯坦杰门顿、J. L. 修瓦伯于1940年创立了"方法时间测定"技术等。

3. 成熟期：工作研究广泛应用

随着工业化程度的不断加深，工作研究在工业化程度高的国家得到了广泛应用。《美国工业工程杂志》1976年的调查研究表明，美国有89%以上的企业在应用工作研究。此后，随着工作研究理论不断完善，企业不断应用和纠错，工作研究技术得到了不断发展和创新，并适时引入了计算机辅助技术。计算机技术的引进使流程分析、动作研究和时间标准的制定更精确和高效，研究工作人员的工作方式也得到了较大改善。工具和技术的进步使工作研究在建筑、化工、航天、冶金、电子等行业得到广泛普遍应用。自此，标准化作业进入了稳定的成熟期。

二、工作研究

20 世纪 60 年代，工作研究在西方工业化国家得到快速发展和广泛应用。工作研究作为工业工程（Industrial Engineering）的首选技术，广泛运用于工厂布置、物料搬运、生产计划和日程安排等。

工作研究是一门系统研究和改进作业方法和作业程序的管理技术，主要包括方法研究技术和作业测定技术两种。方法研究技术和作业测定技术交互渗透，相互融合。方法研究离不开作业测定所获得的时间标准的结果，没有时间标准的概念将无法判断方法的优劣。同样，作业测定建立在方法研究的基础之上，它是在合理的工作方法上测定必要的作业时间，通过评比、宽放等技术，制定合理的标准时间，并以此作为制定劳动定额的依据。作业测定中对时间的缩短，又会结合动作、作业和程序的分析来改进。

1. 方法研究

方法研究是运用各种分析技术对现有工作方法进行详细记录、严格考察、系统分析和改进，设计出经济、合理、有效的工作方法，从而减少人员、机器的无效作业，减少资源浪费。典型的方法研究主要包括程序分析、作业分析和动作分析。方法研究是在使用这些分析方法的基础上改善现有的工作方法或设计出新的工作方法，使工作程序和作业方法更加合理、完善。

（1）程序分析

程序分析是工作研究的基础，是对整个生产过程全面、系统而概略的分析。它包括工艺程序分析、流程程序分析、布置与经路分析和管理事务分析。程序分析依照工作流程，逐步分析每个地点是否有不合理的作业、程序是否合理、搬运是否过多、延迟等待时间是否过长等问题，改进现有的作业方法和空间布置，以提高生产效率和工作效率。

（2）作业分析

作业分析是通过对以人为主的工序进行研究，使作业人员、作业对象、作业工具三者科学合理布置安排，使工序结构合理、劳动强度减轻、作业工时减少、整个作业时间缩短，以提高产量和产品质量。作业分析包括人机作业分析、联合作业分析和双手作业分析。

（3）动作分析

动作分析是对作业人员实施操作的动作顺序、活动进行观察，用特定的符号记录，并将记录图示化，以此为基础来判断动作的好坏，找出改善点。在动作分析的基础上，通过改善实施动作过程的方法、顺序，改变相关的材料、工装夹具和现场布置等，减少作业活动数量、缩短活动时间、减轻身体疲劳、进行舒适作业。

2. 作业测定

作业测定是对既定的工作程序和工作方法测定所需要的时间，设定标准定额。相关方法主要包括秒表测试法、工作抽样法、预定时间标准法和标准资料法。

（1）秒表测试法

秒表测试法也称直接时间研究—密集抽样（Direct Time Study-Intensive Samplings，DTSIS）。秒表测试法是在一段时间内，运用秒表或电子计时器对作业人员的作业执行情况进行直接、连续观测，把工作时间和其他有关的参数、对比标准的情况一并记录，结合企业的宽放政策，来确定作业人员完成某项工作所需的标准时间。

（2）工作抽样法

工作抽样法指的是利用分散抽样的方式来研究工时利用率，一般是在较长的时间内以随机的方式分散观测作业人员。工作抽样法具有省时、可靠、经济等优点，因此成为调查工作效率、合理设定工时的通用方法。

（3）预定时间标准法

预定时间标准法也称预定时间系统（Predetermined Time System，PTS），是国际公认的制定时间标准的先进方法。PTS 不需要使用秒表进行直接时间测定，根据作业中包含的动作及事先确定的各动作的预定时间来计算作业的正常时间，再加上适当的宽放时间，得到作业的标准时间。目前预定时间标准法主要有工作因素法（WF 法）、方法时间衡量（MTM）和模特计时法（MOD）。其中，模特计时法使用方便，较常使用。

（4）标准资料法

标准资料法是利用标准资料来综合制定各种作业的标准时间。标准资料就是将事先通过作业测定所获得的大量数据（测定值或经验值），进行分析整理，编制成的某种结构的作业要素正常时间数据库。在设定新作业的标准时间时，不需要进行直接时间研究，只需要将其分解为各个要素，再从标准资料中找出相同要素的正常时间，加上宽放时间，就得到该项新作业的标准时间。

三、标准化作业（丰田汽车生产方式）

标准化作业指的是为了实现作业人员、作业任务、作业顺序、物流设备等最优而设立的工作方法。在标准化作业中，最为业内所关注和推广的是丰田汽车生产方式中的标准化作业。这与一般的标准化作业略有不同，它主要指的是多能工同时操作多台不同设备，处理一系列作业的顺序。

1. 由来：要解决什么问题

工业工程里的工作研究通常由专门的工作研究人员如工业工程师等来规划作业方法、测量作业标准时间。然后企业用他们制作的标准化作业指导书来培训操作员，操作员按照标准执行，以提高劳动生产率。这样不能解决根本问题，时间久了反而会产生一系列问题，如标准不准确、劳资纠纷、生产质量变低等。

知识链接：一般标准化作业中的问题

当工业工程师与操作员调研工作时间和工作效率等内容后，有些操作员发现自己对工业工程师坦诚并不能换来待遇的提高，反而会使自己的工作更累。这是怎么回事呢？

原来，当操作员坦诚分享自己的工作心得后，工业工程师很快就会根据操作员的实际工作情况制定新的工作标准。而这个工作标准往往比之前的更高，操作员的工作变得更加辛苦，但工资并未提高。

这样一来，操作员就不愿意将自己的真实工作情况展示给工业工程师，当工业工程师再来调研时，操作员就会故意放慢工作速度，这样工业工程师就不能制定更高的标准。久而久之，工业工程师会发现操作员的这种行为，采用暗中调研、背后监测等手段了解真实的情况，从而制定更高的标准。这样会导致劳资纠纷。

而现在很多企业为了规避调研麻烦和不真实，一般都使用摄像头来准确监视人的动作，这样一来，操作员的工作效率就很难隐藏。当标准提高后，操作员只能追求更多的产品数量以提高待遇，这往往是以牺牲质量作为前提的。

丰田汽车公司发现并注意到了这个问题，标准化作业指导书不应该由工业工程师等专门的研究人员来出具，操作员自己要参与准备自己的标准化作业说明书。这样，操作员才能明白自己的工作目的，思考从事该项工作的更好方法，不会出现上述的恶性循环。

2. 定义：什么是标准化作业

丰田汽车的标准化作业是以人的动作为中心，以没有浪费的操作顺序有效进行生产作业的方法。

其目标是用最少的作业人员和在制品进行所有工序之间的同步生产。具体来说有三个目标：一是通过必要的、最少的作业人员进行生产；二是实现与准时化生产有关的各工序间的同步化（生产线平衡）；三是使在制品的标准数量尽可能最小化。

要实现这三个目标，需要保证三个要素，即节拍时间、标准作业顺序、在制品的标准数量。当然，实现标准化的过程中，除了实现这些目标，也要避免发生事故和出现不合格品，即生产安全管理和质量管理。

丰田汽车标准化作业思维导图如图9-1所示。

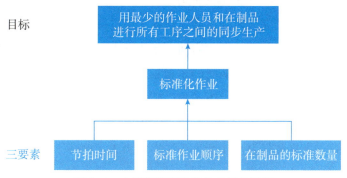

目标　用最少的作业人员和在制品
进行所有工序之间的同步生产

标准化作业

三要素　节拍时间　标准作业顺序　在制品的标准数量

图 9-1　丰田汽车标准化作业思维导图

注：引自门田安弘的《新丰田生产方式》。

3. 操作：标准化作业的五步骤

实现标准化作业需要通过以下五个步骤：第一步，确定节拍时间；第二步，确定一个单位产品的完成时间；第三步，确定标准作业顺序；第四步，确定在制品的标准数量；第五步，编制标准作业表。

（1）确定节拍时间

节拍时间是生产一个单位产品所必需的时间，基于客户需求的生产节奏。节拍时间由每班的顾客需求数量和每班可用的工作时间，按下面的公式来确定：

节拍时间＝每班可用的工作时间/每班的顾客需求数量

例如，顾客每班对投射器产品的需求数量为 1380 件，每班工作 8 小时，午休不计入，可以工休两次，每次 10 分钟，则每班可用的工作时间＝8×60×60−2×10×60＝28800−1200＝27600（秒），投射器生产的节拍时间＝27600/1380＝20（秒）。

每班可用的工作时间，不需要把设备故障、等待材料、等待前工序的时间、维修时间等按预测时间事先扣除。此外，每班的顾客需求数量不需要预计不合格品的生产富余量，这是因为如果看到生产不合格品的时间浪费，员工就会马上采取行动去改善。

（2）确定一个单位产品的完成时间

一个单位产品的完成时间，必须在各工序按每个产品分别确定。

用秒表来测定零部件的完成时间。手工作业时间和自动运送时间都可以用秒表测定。其中手工作业时间不包括在工序中的步行时间。各种手工作业需要的速度和技能水平，由组长、班长决定。

确定一个单位产品的完成时间通常通过一个工序能力表（Process Capacity Sheet）来完成，表9-1为一个工序能力表示例。

表9-1　　　　　　　　　　工序能力表示例

工序能力表			产品名称	产品编号	每班的需求量		作业人员	
			投射器	VENUS008	1380 件		4 人	
作业顺序	工序名称	机器编号	基本时间（秒）			工具更换		每班加工能力（件）
			手动	自动	合计	更换个数（个）	更换时间（秒）	
1	组装夹板	无	14	0	14	100	60	1890
2	组装投射臂	无	13	0	13	50	60	1944
3	安装螺栓螺母	无	12	0	12	200	30	2272
4	安装皮筋	无	12	0	12	100	30	2244

基本时间栏中是加工一个单位零部件所需要的时间。工具更换栏里的更换个数表示更换这个工具前应该生产的零部件数量。更换时间指的是作业切换时间。

工具更换时间平均值＝更换时间/更换个数

每班加工能力是在一个班的可用工作时间里可以加工的数量。根据下面的公式计算：

每班加工能力＝每班可用的工作时间/（基本时间+工具更换时间平均值）

例如，组装夹板工序的每班加工能力计算：工具更换时间平均值＝60/100＝0.6（秒）；每班加工能力＝27600/（14+0.6）＝1890（件）。

（3）确定标准作业顺序

确定了节拍时间和一个单位产品在每个工序的完成时间后，还必须算出应当分配给每个作业人员的各种作业的数目，也就是说，必须确定每个作业人员的作业数目和顺序。确定标准作业顺序具体步骤如下。

第一步，确定每名作业人员所承担工作的顺序。

每个作业人员在规定的节拍时间内必须执行的活动顺序，通过标准作业组合表来确定。

首先，将每名作业人员必须执行的活动按照作业顺序记录在标准作业组合表中"作业名称"列。这里需要注意，"作业顺序"和"工序的顺序"是否一致。

其次，记录各项作业对应的时间。操作时间可以使用工序能力表里的时间来计算。如果工序与工序之间需要员工走动的话，走动时间也要用秒表准确测出，并记录下来。

最后，将作业时间标示在时间轴上，注意时间线段长度必须与时间长度一致。各类时间需要使用不同颜色或不同类型的线段来表示，如表9-2所示，通常，手动时间使用黑色实线表示，自动操作时间使用短虚线表示，走动时间使用长虚线表示。

第二步，将作业进行组合，使其在节拍时间内完成。

将各种作业分配给作业人员并进行组合，确保每个作业人员必须执行的作业在节拍时间内完成。如果某个作业人员结束作业后等待时间太长，可以考虑在同样的节拍时间内再安排一项其他作业给其处理。

根据不同作业人员将重新组合的作业，制成标准作业组合表，如表9-3、表9-4、表9-5所示。

表 9-2　　　　　　　　　　　　　标准作业组合表示例

标准作业组合表（Standardized Work Combination Table）		产品名称	投射器	工序开始		制作日期		循环时间（秒）	56	手动时间 ———
		产品编号	VENUS008	工序结束		部门		节拍（秒）	20	自动时间 ·········
										走动时间 ─ ─ ─

序号	作业名称	时间（秒）			作业时间（1s每格）
		手动	自动	走动	2 4 6 8 10 12 14 16 18 20 22 24 26 28 30 32 34 36 38 40 42 44 46 48 50 52 54 56 58 60
1	取出底板	1		1	
2	取出夹板	1		1	
3	将底板和夹板通过螺丝固定	12			
4	取出投射杆	1			
5	将投射杆固定在夹板中	6			
6	将球杯固定在投射杆上	6			
7	清点螺栓和螺母	2			
8	拿回螺栓和螺母			2	
9	安装螺栓和螺母	10			
10	取出皮筋环	1			
11	安装皮筋环	4			
12	取出皮筋	1		1	
13	安装皮筋	6			
总计			56		

表 9-3　　　　　　　　　　　标准作业组合表 A

标准作业组合表A（Standardized Work Combination Table A）		产品名称	投射器	作业人员姓名		制作日期	手动时间 ———
		产品编号	VENUS008	Phenix		部门	自动时间 ·········
							走动时间 ─ ─ ─

序号	作业名称	时间（秒）			作业时间
		手动	自动	走动	
3	将底板和夹板通过螺丝固定	12			
4	取出投射杆	1			
5	将投射杆固定在夹板中	6			
总计			19		

表 9-4　　　　　　　　　　　标准作业组合表 B

标准作业组合表B（Standardized Work Combination Table B）		产品名称	投射器	作业人员姓名		制作日期	手动时间 ———
		产品编号	VENUS008	Katy		部门	自动时间 ·········
							走动时间 ─ ─ ─

序号	作业名称	时间（秒）			作业时间
		手动	自动	走动	
6	将球杯固定在投射杆上	6			
7	清点螺栓和螺母	2			
8	拿回螺栓和螺母			2	
9	安装螺栓和螺母	10			
总计			20		

表 9-5　　　　　　　　　　　　　　标准作业组合表 C

标准作业组合表C （Standardized Work Combination Table C）	产品 名称	投射器	作业人员姓名	制作 日期		手动时间 —— 自动时间 ········· 走动时间 -----
	产品 编号	VENUS008	Winston	部门		

序号	作业名称	时间（秒）			作业时间
		手动	自动	走动	
1	取出底板	1		1	
2	取出夹板	1		1	
10	取出皮筋环	1			
11	安装皮筋环	4			
12	取出皮筋	1		1	
13	安装皮筋	6			
总计		17			

接下来，根据新的工作分配和工序的设备布置，画出示意内容。

作业步骤使用"方框"来表示，操作员使用"半包围的圆形"表示。各个作业员的作业顺序使用"箭头线"表示（见图 9-2）。

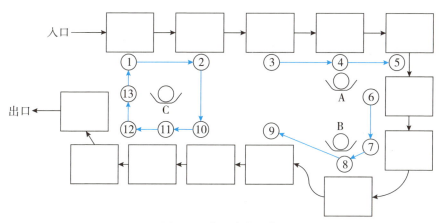

图 9-2　作业步骤示意

第三步，使用起跑信号，全员一起开始工作（起跑信号方式）。

这里所说的起跑信号与运动会上的"各就各位，预备，跑"是一样的。起跑信号方式是平衡生产周期的方法，也就是同步化生产。各个作业员在节拍时间内完成各自的作业后，就发出信号，并把产品送到下一工序。下一工序启动，全部工序的作业一起重新开始。

第四步，在节拍时间之内进行设备的作业切换——一次通过式作业切换。

在复杂的作业顺序中，重点需要考虑设备的配置顺序。如果有多种不同设备连续配置的话，作业切换应该怎么处理呢？

如果四台设备由一名多能工来完成操作，四台设备的全部作业切换可以在四个节拍时间内进行。如果各台设备由不同的作业员分别操作，四台设备的作业切换就可以在最初的一个节拍时间内处理。在丰田汽车公司，这种作业切换方法被称为一次通过式作业切换。

（4）确定在制品的标准数量

确定生产线上正在进行的作业中所必需的、最少的在制品标准数量，包括正在进行的作业过程中的在制品数量，也包括正在设备上加工的在制品数量。

确定在制品的标准数量需要考虑以下内容：一是作业顺序的方向不同，在制品的标准数量可能不同；二是在工序所需要的位置检查产品质量时所需的在制品数量；三是前工序设备送来的在制品温度下降到一定水平的过程中保持的在制品必要数量。

在制品的标准数量必须控制到最少。这样既可以减少在制品库存维护费用，也容易发现不合格品，对检验产品质量和进行工序改善会很有帮助。

（5）编制标准作业表

作业标准化的最后一个步骤是编制标准作业表。标准作业表需要包含以下要素：节拍时间；作业顺序；周期时间；在制品的标准数量；进行质量检验的位置；让作业人员注意安全的位置。

标准作业表中的这些要素可以使用图标来表示（见图9-3）。

为了让作业人员能更全面理解标准作业，还可以编写工作标准表和作业要素表这两个辅助表。工作标准表通常与产品的质量要求有关，很多时候是对图纸要求的对应转换表。作业要素表通常又称为"工作要点书"，其列出了在安全操作的条件下获得最好质量和最高效率所需的技巧或是需

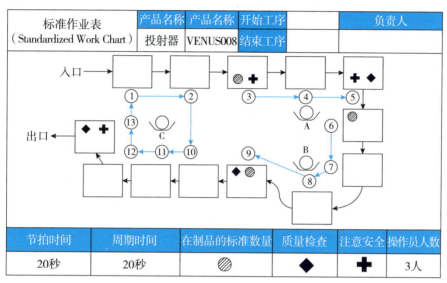

标准作业表 （Standardized Work Chart）	产品名称	产品名称	开始工序		负责人	
	投射器	VENUS008	结束工序			

节拍时间	周期时间	在制品的标准数量	质量检查	注意安全	操作员人数
20秒	20秒	◉	◆	✚	3人

图 9-3　图标示例

要规避的问题。例如，很多公司的要点培训（OPL）如图 9-4 所示。

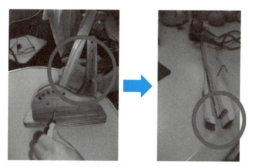

注意事项：
组装投射臂的时候
手不要用力握投射
臂的上部，不然容
易把投射臂弄断

图 9-4　要点培训示例

4. 标准化作业的作用和职责

标准作业表一经现场监督人员制定，必须先由现场监督人员亲自试
验，确认完全可以遵照标准作业表来贯彻执行。确认该表之后，要同步给
作业人员，同时说明为什么要遵循这个标准。

标准作业表完成之后，需要张贴在该工序显眼的地方，即每个作业人
员及各级管理人员都能看得到的地方。这样可以带来三个方面的作用：第

一，明确标准作业表是各作业人员遵守标准作业顺序的准则；第二，方便组长、班长和现场监督部门人员检查各作业人员是否遵守标准作业；第三，方便上级管理人员检查标准作业是否及时更新，准确评估现场监督部门人员的能力。

标准化作业的有效制定、遵循和提高，需要遵照生产相关各级人员对标准化作业的责任和义务。

做具体工作的组员的主要任务是遵循标准，按照标准上写的方式去操作，并寻找能够做得更好的方法，以消除浪费，提出标准化作业的改善建议。专家和工程师在新产品推出时负责建立初期标准化作业。在丰田汽车公司，由生产工人组成的试制组也是这一过程的一部分。专家将审查可能对质量、产量和安全有技术影响的任何大的改动。现场主管也可以要求专家帮助解决那些超出他们经验的问题。此外，专家将定期审核标准化作业。

组长首先要接受"如何使用作业指导方法"的培训，清楚标准化作业的最基本元素，熟练操作。同时，他们必须通过认证成为一个能使用作业指导方法的教练，培训组员。他们还负责创建作业元素表，监测组员是否遵循标准化作业的所有元素，并与组员、主管一起开发新的标准化作业，寻找新的改进思路。

主管负责审核、监督标准化作业，审核组长审核过的结果（有时会与组长一起审核）。他们还要评估改变标准化作业的建议，协调新产品的推出、负责所有的培训、评估组员的发展。

甚至助理经理和经理也会介入标准化作业行动中，他们不会坐在办公室或整天参加会议，而会去车间检查标准化作业、作业指导方式以及改善活动在自己管辖的领域内的执行情况。他们也具有足够的技能，能够观察工人是否在按照标准化作业操作。同时，他们需训练组长和组员，一起不断改善。

总之，每个生产相关人员都有围绕标准化作业的任务。

标准化作业和作业指导培训也被用作技能认证的记录。这样，可以看到，不同的人在不同的工作岗位上被培训到不同的程度，这是用工需求的一个很好的工具，可以显示有多少人应该在每个岗位上进行培训，有多少人已接受培训。这也是指派人员的工具，比如，某一天有人没来上班，必须抽调其他人员过来补位，那么组长或主管就可以通过这张表轻松地找到谁有资格来做这项工作。

最后，提醒大家，标准化作业并不是一成不变的，而是需要及时更新的。因为各工序、各过程都在持续不断改善，改善完成后都需要修改标准化作业，并按照更换后的标准化作业执行。

郭耀纯

数学与应用数学学士，工商管理硕士。

2005 年获得六西格玛黑带认证。

2013 年获得美国项目管理协会 PMP。

2016 年获得 500 强企业认证"金牌培训师"。

2016 年获得六西格玛黑带大师认证。

拥有超过 16 年的企业大型项目统筹和实战经验。擅长将战略管理、项目管理等系统化方法论与企业运营管理紧密结合，为多家世界 500 强跨国企业和国内上市公司提供绩效提升管理咨询服务，提供精益生产和六西格玛培训、咨询服务，帮助企业显著改善运营质量和效率。

第十章

安灯系统

安灯系统即"Andon System"，是指为了使问题在发生时能够得到及时处理而安装的系统。安灯系统是自働化得以实施的主要工具之一，也是目视化管理的重要工具之一。

安灯系统的主要作用是及时发现问题，避免有缺陷的产品产生。

一、安灯系统的起源

在前面的章节中，我们了解到自働化是丰田汽车生产方式的两大支柱之一。其思想和工具起源于丰田佐吉发明的丰田式汽动织机。自働化强调的是与人结合，是使系统或者设备拥有人的智慧和本领。自働化功能的设备或者系统能够帮助企业达到两个目的。一是实现生产零缺陷，用最少的投资代替人力，提高生产效率；二是节约专门观察设备运行的人力，实现人力最小化，即设备或系统发生异常的时候能够自动停机。

20 世纪 50 年代，丰田汽车公司为了更好实现自働化的思想，开始使用一些指示灯来报警。一旦发现生产线有问题，任何人员都可以按下警报装置进行提醒，使现场管理人员能够第一时间赶到现场处理异常。随着指示灯系统性使用，丰田汽车将这种系统称为"安灯"，也称为"暗灯"。其起源于我国唐朝，意思是黑暗中行走时照亮前行道路的灯笼。

在丰田汽车的生产模式中，一发现异常要马上按下开关报警，如果没有在规定时间内处理完异常，生产线就会自动停止。这种模式也引起了一部分人的反对，他们认为，一旦生产线自动停止，会对进度造成极大的影响，这样的后果太严重了。丰田汽车公司的管理层在权衡利弊后，坚持原来的设计，因为一旦放置异常情况不管，不良品就会流到后面的工序中去，造成更大的浪费和损失。管理层的坚持使安灯系统得到了推广和应用。

如图 10-1 所示，早期的安灯系统是安装在每个设备上的一套指示灯具。指示灯一般有 5 种颜色：红色表示设备发生故障；白色表示生产数量达到要求；绿色表示缺料停止运行；蓝色表示出现不良品；黄色表示需要进行产品型号切换。

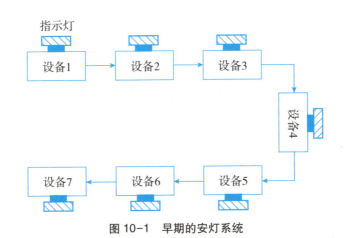

图 10-1 早期的安灯系统

二、安灯系统的种类

安灯系统通常可以分为五种，即设备安灯、操作安灯、物料安灯、质量安灯和看板安灯。

1. 设备安灯

设备安灯是用于提示设备维修人员及时响应和处理设备故障的安灯。在实际的生产过程中，设备操作人员可通过设备安灯中呼叫按钮、安灯信息板等功能向班组长或设备维修人员请求帮助。

2. 操作安灯

操作安灯是一种较为常见的安灯，主要安装在操作密集的流水式生产线或车间中。以汽车制造工厂的生产线为例，这里的生产线一般都是不停运转的，在这条生产线中，会划分一定数量的工位，每个工位上会安排一个或几个工人。当车辆进入生产线后，工人就会按照工位的职责开始操作，随着工人的安装，生产线会移动。当一个工位的动作完成后，车辆会进入下一个工位，而这个工位就会出现新的车辆。如果工人不能在规定时间内完成必需的工作，后面的生产线就会受到影响。为了避免发生此类问题，当未能在规定时间内完成操作时，工人可以通过安灯暂停生产线，以便继续完成工作，这样一个工位的问题就不会扩散出去。

3. 物料安灯

物料安灯主要用于对物料及时进行拉动，以保证物料及时供应。物料安灯并不是在每个工位上都设置灯盒，而是根据物料供应的模式按照区域划分的，其一般是按钮，按钮通常设置在物料架上，方便工人在拿取物料的时候操作。除了安灯板，有些物料暂存区还会安装循环显示的 LED 灯，这样工人就可以按照循环的节拍搬运物料了。

4. 质量安灯

质量安灯主要是为了提示前端加工或者装配时出现的质量问题，以便及时反馈并协助解决，一般会安装在一些关键的工位上。在设计安装时，有些厂家会将其和操作安灯集合在一起，硬件设计只在处理器上进行区分，例如，丰田汽车的车间就是按照这种模式安装质量安灯的。这种设计安装模式在成本和效益上有独特的优势。也有一些企业是采用独立的安灯盒，相对于前者，可以加入更多的功能，如戴姆勒-克莱斯勒的制造车间就是采用这种设计模式。

5. 看板安灯

看板安灯也是使用较多的一种安灯，其效果较为明显。看板安灯又分为电子看板安灯和纸质看板安灯，一般来说，现代化的制造业使用较多的是电子看板安灯。在使用看板安灯的过程中，一定要规律性地提醒工作人员收集看板、复位看板安灯。

三、安灯系统的作用

安灯系统的作用主要可以归纳为以下几点。

1. 快速响应

安灯系统能够使车间生产过程的管理得到加强，信息得到更加快捷化传递，工序变得透明化，生产组织效率得到提高，工作人员积极性得到激发。

2. 及时预警

安灯系统中有多样化的报警方式，可以定制同步看板、邮件、微信、短信、智能手表等呼叫方式，使工作人员能够随时随地查看生产线与机台实时状态，一有问题便预警。

3. 减少缺陷

一旦有缺陷产生，安灯系统便会及时报警，这样就能最大限度减少缺陷的发生。

4. 全员参与

安灯系统可以极大聚拢生产现场的工作人员，使各部门间的合作更加充分，及时反馈并修正生产中的问题，保证生产线的正常运转。

5. 持续改善

工作人员可以依据安灯系统记录每次异常报警的种类、响应时间和处理用时，为生产管理和持续改善等提供数据依据。

四、安灯系统的构成

一个安灯系统通常由安灯盒、安灯集结箱、安灯控制箱、安灯显示板、车间信息显示板和安灯报表系统构成。

1. 安灯盒

安灯盒一般包含两个开关，一个是常开开关，主要是作为固定停止开关用的；另一个是常闭开关，主要是作为立即停止开关用的。除此之外，安灯盒包括两个灯：一个红色的灯，当拉下立即停止拉绳时，红色的灯亮；一个黄色的灯，当拉下固定停止拉绳时，黄色的灯亮。

2. 安灯集结箱

安灯集结箱通常是和安灯控制箱整合在一起的。安灯集结箱一般通过现场总线的方式和安灯控制箱连接。这种连接方式可以节约安装线的数量以及安装和维护成本。安灯集结箱一般会使用标准化的模块，这样集成和后期增加设备安灯时连接更方便。安灯集结箱上一般还会安装喇叭，声音由安灯控制箱控制。

3. 安灯控制箱

安灯控制箱里一般装有控制器，以 PLC（可编程逻辑控制器）为主，内置一些判断逻辑模块，可以实现安灯操作信息收集和传递。此外，安灯控制箱一般有一个人机接口的界面，主要用来显示和配置。

4. 安灯显示板

一般的安灯显示板都是双面组成的，双面显示的信息相同。板面按颜色区分使用功能，黄色区域灯亮表示求助；红色区域灯亮表示某个或某些工位已超时，生产需要停下来；其他颜色表示其他的工作状态。一条生产线可以根据实际需求设置安灯显示板的个数，一般生产复杂程度越高的车间或流水线，设置的安灯显示板会越多。

5. 车间信息显示板

车间信息显示板的硬件、实现方式以及功能等和安灯显示板类似，但是车间信息显示板显示的是车间中每条生产线的运行状况、产量、计划等信息。

6. 安灯报表系统

安灯报表系统的组成比较简单，容易受到管理者和厂商的忽视。但是它对于员工的水平提高、设备维修、生产效率提高等有很大的作用。其作用主要有两个，一是统计报表作用。安灯报表系统通过统计各种安灯事件，能够快速帮助管理者了解每天或每个班次每种事件发生的数量。二是数据挖掘和分析作用。通过统计得到的这些数据，可分析生产线运行的趋势、员工装配水平、设备效率、物料供应模式等真实情况，从而做出改进。

五、安灯系统的流程

如图 10-2 所示，安灯系统的流程为操作人员发现问题—安灯报警—处理异常。

图 10-2 安灯系统的流程

操作人员发现问题后，可以及时操作对应的安灯系统进行报警，如有需要，可以停止整条生产线的生产流程，现场管理人员会迅速赶往现场进行处理，处理异常完毕，生产线恢复生产。

何邑雄

2009 年本科毕业于哈尔滨工业大学热能与动力工程专业，2012 年获得巴黎综合理工学院、卡尚高等师范学院、巴黎高科国立高等工艺学院和巴黎第六大学共同颁发的材料工程硕士学位并同时获得巴黎高科国立高等工艺学院工程师学位。

2014 年获得美国项目管理协会 PMP 认证。

2018 年获得国际 TRIZ 协会 3 级专家认证。

2019 年获得 ABB 全球六西格玛学院黑带大师认证。

2012 年毕业后一直在世界 500 强外资和合资企业从事技术研发、持续改进和卓越运营等工作。

2020 年 5 月加入安徽中鼎密封件股份有限公司并担任 NVH（噪声、振动与声振粗糙度）模块运营总监，兼任四川望锦机械有限公司技术质量副总经理。

第十一章

防错法

防错法又称"防呆法"或"差错预防法"，日文的全称是"Poka-yoke"，英文的全称是"Fool Proof"。防错法是精益管理自働化得以实施的主要工具之一。

防错法是由新乡重夫（Shigeo Shingo）提出，之后被整合进丰田汽车生产方式的一种方法。Poka-yoke 最早的叫法是"Baka-yoke"，Baka 是呆子、笨蛋的意思，有贬低侮辱他人之意。正常的人在无意识的情况下，也可能会发生错误，所以后来这种方法被改称为"Poka-yoke"。

一、错误是如何发生的

错误的发生通常源于 4M1E。如表 11-1 所示，错误的归类有人、机器、物料、方法、环境等。

表 11-1　　　　　　　　　　错误的归类及原因

错误归类	错误原因
人	遗忘、理解错误、识别错误、新手（缺乏经验）、意愿错误、疏忽、迟钝、缺乏标准、意外、故意
机器	机器磨损或是变异过大
物料	物料损坏或是变动过大
方法	流程或是标准不适当
环境	环境脏乱无序

其中人的因素是最难控制的，人为错误发生有十大原因。

第一，遗忘。有时人们会忘记事情。例如，客户要求第二天发一批货物，结果忘记发货了。

第二，理解错误。有时人们在不熟悉的情况下会得出错误结论。例如，进入工厂时，不熟悉色彩标识管理，可能会把良品放到不良品区域。

第三，识别错误。有时看得太快或太远而导致判断错误。例如，目视检验时将显示屏中的 6 错看成 9。

第四，新手（缺乏经验）。有时人们缺乏经验而产生错误。

第五，意愿错误。有时在特定的环境下决定不理睬某些规则时会发生错误。例如，在厂区内，没有车时就不按照划定的线行走。

第六，疏忽。有时会在心不在焉时犯下错误，而不知道它们是如何发生的。例如，包装产品时忘了放配件螺丝。

第七，迟钝。有时行动时判断延迟而犯错误。例如，需要及时取出加热中的产品，结果慢了，导致产品不良。

第八，缺乏标准。因缺乏指引或工作标准发生错误。例如，食品加工人员在加工过程中不知道盐的加入量是多少，导致含盐量超标。

第九，意外。当设备运行状况与预期不符时会发生错误。例如，机器突然抖动然后停止运行，并且无任何警示。

第十，故意。有些人故意制造错误。例如，某人上班心情不好，贴标签故意贴歪。

机器出错的主要原因有机器磨损或是变异过大；物料出错的原因有物料损坏或是变动过大；方法出错的原因有流程或是标准不适当；环境出错的原因有环境脏乱无序等。

二、防错法分类

为了避免错误的发生，人们想出了很多防错的方法。根据防错效果，可将其分为五个等级（见图 11-1）。

第一，意识灌输型。通过口头通知、警告来避免错误的发生。

第二，培训认证型。通过对作业人员的培训和认证来避免错误的发生。

第三，简化追溯型。其可以将上工序的错误产品检查出来，效果相对较差，因为缺陷已产生，属于检测型。

第四，防错止动型。有错误发生时停止动作，同时带有预防性质。

第五，自动预防型。避免系统出错，没有人为干扰最理想的预防型防错方法。

图 11-1　防错法五个等级

三、防错的目的

在 IATF16949：2016 标准中，防错定义为为防止制造不合格的产品而进行的产品和制造过程的设计和开发，即在错误发生前通过产品和制造过程设计来进行预防。防错的目的是实现零缺陷。

众所周知，品质保证手段中除了产品设计、工程设计，作业精度与装配过程检验也是必不可少的。而作业失误将导致缺陷、产品不良甚至安全事故，这是制造管理中最为头痛也是必须彻底解决的一大课题。

"零缺陷之父"菲利普·克劳士比（Philip Crosby）提出的零缺陷理念正是在这种背景下应运而生的。但对于作业零失误与品质零缺陷究竟如何具体实现，克劳士比当时并没有提出十分可行的方法，人类探索了多年也没能取得突破，防错法的崛起从理念及方法上带来了新的曙光。

防错法的本质就是将"检验"过程中的"人"用"装置"替代，从而实现"去人化"。零缺陷基本理念主要有如下几点。

第一，绝不允许哪怕一点点缺陷产品出现，要想成为世界级的企业，不仅在观念上，而且必须在实际上达到零缺陷。

第二，生产现场是一个复杂的环境，每一天的每一件事都可能出现差错，差错导致缺陷，缺陷会导致顾客不满和资源浪费。

第三，不可能消除差错，但是必须及时发现和立即纠正，防止差错形成缺陷。

四、防错法原理与优点

防错法的基本原理为用一套设备或方法使作业者在作业时可以明显发现缺陷或操作失误后不产生缺陷，作业人员通过防错法完成自我检查，失误将显而易见。

防错法的优点是显而易见的，主要体现为以下三点。

第一，防错法具有即使存在人为疏忽也不会发生错误的构造——不需要注意力。

第二，防错法具有外行人来做也不会错的构造——不需要经验与直觉。

第三，防错法具有不管是谁或在何时工作都不会出差错的构造——不需要专门知识与高度的技能。

五、防错法的作用和防差错系统的模式

防错法的主要作用有两个，即预防和快速反馈。

预防是指错误还未发生时，防错装置就已经检测到错误可能发生，并及时采取报警或停机的措施。

快速反馈是指错误发生时，如果防错装置检测到发生的错误，就会及时报警或采取停机措施。

如表11-2所示，防差错系统根据目的的不同，可以分为两种模式，

即控制模式与报警模式。

第一，控制模式。就是当异常发生时，它能够自动关闭机器或者锁定机器以终止操作，因此避免一系列不良品的产生。

第二，报警模式。主要是指当不良品出现时，蜂鸣器鸣叫或报警灯闪烁以提醒员工。

表 11-2　　　　　　　　防差错系统的两种模式

模式	预防 （根源检验—原因） 错误未发生	快速反馈 （信息检验—结果） 错误已发生
控制模式	中断流程： 异常原因出现时，直接中断流程， 缺陷产品还没有加工或没有加工完成	中断流程： 有缺陷的物件不能带到下一步； 不会继续制造新的不良品
报警模式	报警： 异常原因出现时立即通知	报警： 有缺陷的物件产生时立即通知

六、防错法的主要技术

防错法的主要技术包括三大类，即接触方法、固定值方法和动作步骤方法。

1. 接触方法

接触方法又包括限制开关、定位针、触碰式开关、传感器等。

（1）限制开关

堆高车装有一个限制开关，它防止堆高车在铲刀升高后开动或倒退。还有一个限制开关可以在堆高车超重时自动停止其工作。

（2）定位针

操作员配置错误上下夹具会导致产生不合格部件和印模损坏，安装了定位针可以保证上下夹具配套。在这样的安装中，每个夹具均有独特的定位针位置。

（3）触碰式开关

针对产品、设备、工具等的物质属性采用的一种硬件防错装置，通过接触点是否被碰到来判断是否出错。

（4）传感器

例如，光学传感器的原理为靠工件阻断光路产生信号。当无工件时，光线由发射端直接射入接收端，传感器无输出。当工件处于传感器的发射端和接收端之间时，工件遮住了光线，接收端输出信号。

2. 固定值方法

相关设备主要有计算/计数器。例如，专用于包装螺丝和螺钉的电子天平，会自动根据螺丝的重量显示出包装中应有螺丝的数量，操作员不需要自己将螺丝的重量转化为数量。

3. 动作步骤方法

动作步骤方法主要有顺序限制。顺序限制是针对过程操作步骤，对顺序进行监控或优先对易出错、易忘记的步骤进行作业，再对其他步骤进行作业。顺序限制就是运用一定装置来决定规定的动作是否被执行或按指定的顺序执行。例如，"先进先出"架用来以正确的测试顺序分配产品。当一盒产品被拿出使用时，另一盒产品滑下，保证次序正确。

七、防错法的十大基本原理

防错法的基本原理有以下几个。

1. 断根原理

断根原理就是从根本上将发生错误的原因切断，不给犯错误的机会。例如，照相机的快门按钮和镜头相关，如果不打开镜头就不能按下快门，相应地也不能拍照。

2. 保险原理

顾名思义，保险原理就是给动作加了步骤以做保险之用。用户必须按照顺序完成两个以上动作才能开始工作，用增加操作步骤的方式给用户思考的时间。例如，酒店房门的两道锁机制，就使用了保险原理。

3. 自动原理

自动原理指的是运用光学、电路控制等技术，自动识别用户行为，以控制某些动作或功能开始或者停止。例如，感应式水龙头就是利用红外传感器技术，识别用户的手靠近或者离开，以此来控制水龙头开关打开或者关闭。

4. 符合原理

符合原理指的是利用符号、形状、数量、声音等进行匹配和检测，以防错误发生。例如，生活中常见的螺丝和螺帽就是利用形状进行匹配，可以使用户准确将螺母拧到螺帽上。

5. 顺序原理

顺序原理指的是将复杂的操作程序事先按照一定的步骤编好顺序，再引导人们按照顺序完成操作，以此来减少工作中出现错误的可能。例如，新生入学报到时，学校会按照报到的流程制作指导表，学生只要按照这个指导表完成操作即可完成入学手续。

6. 隔离原理

隔离原理很好理解，指的是通过区域分隔的方式，保护某些区域，避免危险和错误。例如，当道路需要施工时，施工区域和非施工区域就会用隔离防护栏进行区分，以防止危险发生。

7. 复制原理

当一样工作需要做两次或者两次以上的时候，就可以用复制原理来应对，这样能减少错误发生。例如，常见票据都是三联或者多联，如果用复写纸填写票据，只需填写一次即可。

8. 标示原理

标示原理是运用线条的颜色、形状等区分，方便识别，降低出错率。例如，人行道上的红绿灯就是在红、黄、蓝三种颜色中变化，维持交通秩序。

9. 警告原理

警告原理是当出现错误时，通过声音、灯光、颜色等方式发出警报，以警示错误并修正。例如，安装防盗警报器的电瓶车，被小偷窃取时，就会发出警报声。

10. 缓和原理

缓和原理就是利用各种方法减少错误发生，将伤害和损失降到最低。例如，工人的安全帽、汽车的安全带等，都是按照缓和原理设计的。

八、防错实施的步骤

防错在具体实施的时候，一般有以下七个步骤。

1. 识别与描述

识别与描述缺陷条件，出现缺陷后追溯缺陷的历史，运用 FMEA、SPC（统计过程控制）等方法收集数据进行缺陷定位。

2. 缺陷分析

确定根本原因，找出缺陷发生的源头，用质量七大工具与"5 个为什么"找出根本原因。

3. 提出防错方案

利用头脑风暴、过往防错数据库及经验，用防错方法确定所需要的防错技术、标准与装置。

4. 评估可行方案

对方案进行风险、成本与收益分析，评估可行方案，选择最优方案，并依次制订行动计划。

5. 方案实施

尽可能实施防错方案，不能苛求防错方案 100% 解决问题，如果存在一半的优化可行性就值得尝试。

6. 评估与运行

收集数据并与实施前进行对比，以确保缺陷已经消除且没有产生新的问题。同时，需要持续确认防错系统运行正常，确认人为因素处于受控状态。

7. 标准化与推广

对防错过程进行评审，对前面的过程与结果进行总结、归档并补充数据库，讨论推行经验能否扩展到类似的产品、生产线、设备、制作工艺等。

防错与产品设计及制造的关系如图11-2所示。

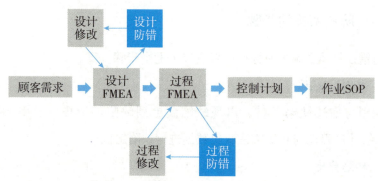

图11-2　防错与产品设计及制造的关系

贺洪武

六西格玛黑带大师和精益专家。2004年毕业于电子科技大学电子科学与技术（微电子）专业并获得厦门大学MBA学位。曾先后供职于多家世界500强外资企业，目前就职于一家外资企业，历任质量经理、运营经理及全球产品线经理。

第十二章

PDCA和A3报告

　　精益管理的自働化不是单纯的设备自动化，而是让设备或系统拥有人的智慧，当被加工零件或产品出现不良品时，设备或系统能即时判断并自动停止生产。如果想要系统不生产不良品，就要进行持续改善。

　　持续改善需要借助一定的实施路径来完成，这个路径就是 PDCA。

　　持续改善的结果需要通过报告的形式来展示，这个报告就是 A3 报告。

一、PDCA

1. PDCA 的由来

　　1939 年休哈特在《质量控制中的统计方法》一书中首次提到了三阶段的循环，即由规范、生产，以及检验形成的循环。这个 PDS 模型就是我们常说的休哈特环，也是戴明环的起源。这个三阶段的循环组成一个不断完善的过程。这个三阶段循环是企业生产经营过程的宏观循环。微观的过程也可以采用 PDS 模型。这就是大环套小环的由来。

　　第二次世界大战后，日本大量的工厂转为生产民用产品。起初产品质量不够好，竞争力低，于是日本企业从美国聘请了质量专家戴明进行指导。

　　1950 年，戴明在给日本科学家与工程师做关于统计质量控制的培训时，对休哈特环进行了修改，在其中添加了第四步，用他的话说，就是"通过市场研究进行重新设计"。历史学家们相信，正是在那次培训上，戴明环诞生了，当时其主要内容如下。

　　第一，Design，即设计产品。

　　第二，Production，即生产产品。

　　第三，Sales，即通过销售测试客户对产品的满意程度。

　　第四，Research，即重新评估设计和改善产品。

培训会后，经过不断讨论和调整，戴明环的四部分用词被固定为"Plan-Do-Check-Action"，所以其也被称为"PDCA 循环"（简称 PDCA）。

自此之后，PDCA 循环就成了各项管理工作开展的核心理念。

2. PDCA 的两大特点

如图 12-1 所示，PDCA 是指以下四个阶段：P 代表 Plan（计划）；D 代表 Do（实施）；C 代表 Check（检查）；A 代表 Action（处理）。

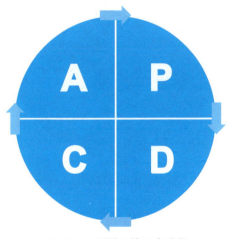

图 12-1　PDCA 的四个阶段

总体来说，PDCA 具有两个特点。

第一，阶梯式上升，周而复始，持续改进。

第二，大环套小环，不光是在宏观管理上要采用 PDCA 循环，在微观过程管理上也要采用 PDCA 循环。

3. PDCA 的实施步骤

日本质量大师石川馨是日本"质量圈"运动的著名倡导者，他也被称为 QCC（品管圈）之父。

石川馨总结了在管理工作中应用 PDCA 的六个步骤（见图 12-2）。

第一，确定目标和指标。

第二，确定达成目标的方法。

第三，进行教育和训练。

第四，实施工作。

第五，检查实施的效果。

第六，采取修正措施。

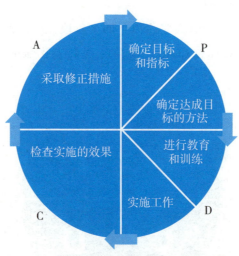

图 12-2　管理工作中应用 PDCA 的六个步骤

接着，后人把 PDCA 应用到质量改进的活动中，更具体地总结为八个步骤（见图 12-3）。

第一步，分析现状。

第二步，列出原因。

第三步，确定主因。

第四步，制定措施。

第五步，执行措施。

第六步，检查效果。

第七步，纳入标准。

第八步，问题总结。

至此为止，解决问题的路径基本确定了，后来的各种解决问题的路径也都是对 PDCA 四阶段八步骤的发展演变。

石川馨在倡导 QCC 时，积极践行 PDCA，使得 PDCA 成为解决质量问

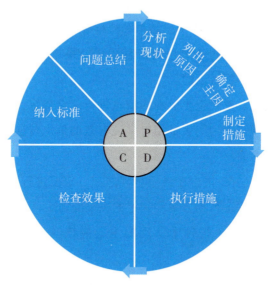

图 12-3　质量改进工作中 PDCA 的八个步骤

题的通用路径，同时成为精益工具应用实施的指导路径。

二、A3 报告

A3 报告英文全称是"A3 Report"，是一种由丰田汽车公司开创的报告形式。A3 报告的理念就是所有的问题描述、原因分析、改正措施，以及执行结果等都可以用一张 A3 纸囊括，所以其被称为"一张纸报告"。

国际通用的 A3 纸是指宽 297 毫米、长 420 毫米的纸张。早期丰田汽车公司严格使用 A3 纸来做报告，现在我们将任何通过一张纸就能总结的报告统称为 A3 报告。

1. A3 报告的特点

总体来说，A3 报告呈现以下几个特点。

第一，逻辑性。A3 报告中呈现出的分析问题、解决问题的思维流程有很强的逻辑性。

第二，客观性。客观性表现为两个方面，一是 A3 报告中的问题描述尊重客观事实和细节，用客观的方式描述具体问题；二是提出的解决方案、措施等不追求个人利益，而以组织的利益为出发点。

第三，同等性。A3 报告中，结果和流程有着同等的重要性，既不可以将结果置于流程之上，也不可以将流程置于结果之上。即使结果实现了，流程不合乎规矩也是不可以的。

第四，图表化。要对想要呈现的信息进行综合提炼，最好选择合适的图表进行描述呈现，因为图表是相对来说有效的信息传递方式，更符合阅读者的兴趣和注意力。

第五，准确性。A3 报告在最后呈现之前一定要进行多次沟通、指导、校准等，这样才能保证行动方案和制定的决策准确。

第六，一致性。A3 报告中呈现的主题应该与组织目标和价值观等一致。

第七，系统性。制作报告时，要站在系统的角度查看全局。

2. A3 报告的类型

用 A3 报告总结的问题类型不同，A3 报告的样式和内容也不同。常见的 A3 报告类型有问题解决型报告、提供建议型报告、工作总结型报告。

（1）问题解决型报告

问题解决型报告通常是对一个问题从问题描述、根本原因分析、改善对策制定和实施等整个过程的汇总。

第一，问题描述。通过 5W2H① 的方法描述问题的现状；确定问题发生的范围；用量化的方式来确定目标；如果可以，提供对应的图像等。

第二，根本原因分析。通过鱼骨图等方法对原因进行归类；通过 5 个 Why 分析法对原因进行深层次挖掘；如果可能的话，尽量用图表和数据来说明情况；通过重点标注来锁定根本原因。

第三，改善对策制定和实施。根据找到的原因，制定对应的改善对策；明确谁将负责对策实施；明确对策实施的进度要求；明确对策实施的

---

① 5W2H 是七问分析法，分别指 Who、Where、When、Why、What、How 以及 How much。

顺序和效果验证方法以检查确认；验证所有改善对策的有效性；一项一项验证。

第四，跟进措施。明确必须采取什么措施来保证改善对策的持续有效性；在本部门中寻找可能从这些改善对策中获益的类似流程；在企业范围内，考虑是否将这种改善推广到其他部门，借此来改善类似流程。

图 12-4 是一个问题解决型报告示例。

```
┌─────────────────────────────────────────────────────────────┐
│  A3报告主题：                               作者：           │
│  A3报告类型：问题解决型                      时间：           │
│                                                               │
│  ┌─────────────────────┐      ┌─────────────────────┐       │
│  │ 1.分析现状          │      │ 5.执行措施          │       │
│  └─────────────────────┘      └─────────────────────┘       │
│                                                               │
│  ┌─────────────────────┐      ┌─────────────────────┐       │
│  │ 2.列出原因          │      │ 6.检查效果          │       │
│  └─────────────────────┘      └─────────────────────┘       │
│                                                               │
│  ┌─────────────────────┐      ┌─────────────────────┐       │
│  │ 3.确定主因          │      │ 7.纳入标准          │       │
│  └─────────────────────┘      └─────────────────────┘       │
│                                                               │
│  ┌─────────────────────┐      ┌─────────────────────┐       │
│  │ 4.制定措施          │      │ 8.问题总结          │       │
│  └─────────────────────┘      └─────────────────────┘       │
└─────────────────────────────────────────────────────────────┘
```

图 12-4　问题解决型报告示例

（2）提供建议型报告

提供建议型报告通常是针对当前的现状进行提议，使情况能够朝着更好的方向发展，虽然这个时候问题可能并没有发生。通常其包含现状描述、提供建议、建议评估和实施规划等内容。

第一，现状描述。通过 5W2H 的方法描述现状；介绍可能存在的改进机会；用量化的方式来确定目标；如果可以，提供对应的图像。

第二，提供建议。针对现状提出改善性建议；提供改善后的结果预测对比内容；提供的建议要尽可能具体和量化。

第三，建议评估。提供建议的重要性评估，通常是对企业的重要性；提供建议的可行性评估，通常是需要投入的资源和实施的难度；提供建议的风险性评估，通常是可能遇到的障碍和失败后果分析。

第四，实施规划。提供一个包含重要细节的计划；提供实施建议需要涉及的部门和人员；提供一个甘特图。

图 12-5 是一个提供建议型报告示例。

```
┌──────────────────────────────────────────────────────────────┐
│  A3报告主题：                                      作者：        │
│  A3报告类型：提供建议型                             时间：        │
│  ┌──────────────────────────┐    ┌──────────────────────────┐  │
│  │ 1.背景介绍                 │    │ 5.评估风险                │  │
│  │                          │    │                          │  │
│  │ 2.分析现状                 │    │                          │  │
│  │                          │    │                          │  │
│  ├──────────────────────────┤    ├──────────────────────────┤  │
│  │ 3.列出提议                 │    │ 6.计划安排                │  │
│  │                          │    │                          │  │
│  ├──────────────────────────┤    ├──────────────────────────┤  │
│  │ 4.评估可行性               │    │ 7.总结                    │  │
│  │                          │    │                          │  │
│  └──────────────────────────┘    └──────────────────────────┘  │
└──────────────────────────────────────────────────────────────┘
```

图 12-5　提供建议型报告示例

（3）工作总结型报告

工作总结型报告主要用于对当前的工作状态进行总结汇报。一个工作总结型报告通常包括背景介绍、当前进度分析、结果汇总和待解决事项等方面。

第一，背景介绍。通过 5W2H 的方法描述现状；清晰简明介绍目前工作的总体状况；用量化的方式来描述现状；如果可以，提供对应的图像。

第二，当前进度分析。描述过去一段时间工作的主要进展；将本阶段工作同上阶段或是之前的工作进行对比；尽量用量化的方法来表达；如果可以，尽量使用图表来对比。

第三，结果汇总。用定量的方式说明项目当前所获得的成果；用图表的方式直观表达。

第四，待解决事项。明确指出还没有完成的事项；明确指出那些时间进度或是结果与预期有差异的事项；明确提出需要的资源。

图 12-6 是一个工作总结型报告示例。

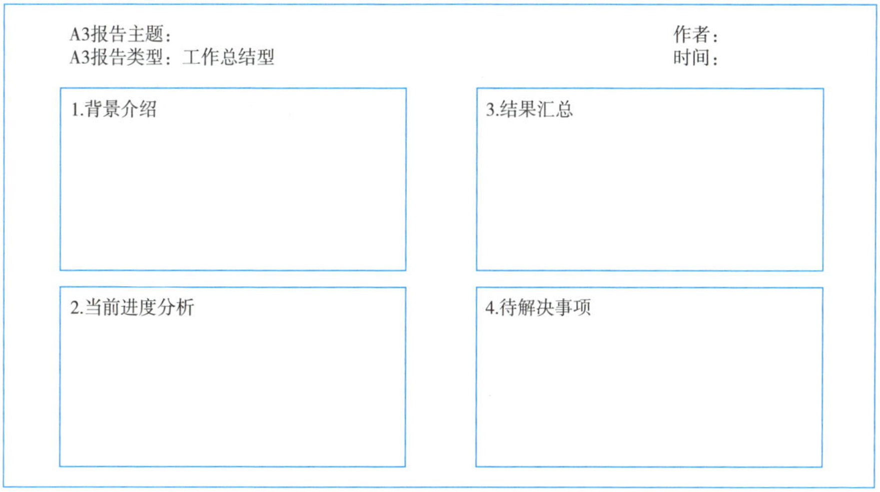

图 12-6　工作总结型报告示例

3. A3 报告的制作

A3 报告的制作要求是简洁和具体。

通过将 A3 纸张划分为不同的方框，按照一定的结构布局，使报告看起来非常简洁。A3 报告的表现形式丰富，内容具体，其色彩丰富，通常运用三种颜色的笔（红绿蓝）；图表丰富，通常会用多种不同的图表来描述问题和分析问题；通过画线和粗体来强调关键内容。

制作 A3 报告，通常需要五个步骤（见图 12-7）。

第一，确定报告类型。在这里，要明确这个报告"面向谁"、用于"何种用途"等，再根据需要选择最合适的报告类型。

第二，撰写报告纲要。首先，遵循 PDCA 路径，确定报告的大致结构；其次，根据报告的结构细化报告的大纲。

第三，确定版面设计。根据报告的大纲，设计报告的版面；再依据设定的版面，确定各文本框的标题格式等。

第四，填写资料内容。将各个部分内容填入设计好的模板，再根据各部分的内容选择合适的图表，使内容一目了然。

第五，检查校对资料。包括检查报告的结构是否完整；检查图表使用是否合适；检查整体的效果是否令人满意等。

图 12-7　A3 报告的制作步骤

周常

机械工程学士，MBA，获美国项目管理协会 PMP，获六西格玛黑带大师认证，拥有超过 20 年世界 500 强企业管理实战经验，长期致力于精益生产和六西格玛实战、咨询辅导工作。

第十三章

精益布局设计

一、精益布局与工业工程的关系

精益布局的英文全称是"Lean Layout"，和大多数的精益管理工具一样，精益布局也是美国的工业工程相应方法结合精益管理的原则进行改进优化后的日式管理工具。

所以要想深入理解精益布局，就需要先系统了解一下起源于美国的工业工程。

工业工程全称为"Industrial Engineering"，缩写为 IE，是一门综合了管理学、运筹学、系统工程、统计学等多门学科的交叉性学科，被广泛应用于制造业和第三产业等。关于工业工程，美国工业工程师协会于 1995 年提出的定义被广泛采纳，即工业工程是对整个生产过程中的人、物料、能源、信息与设备等进行综合性设计、完善以及设置的技术，采用工业工程技术再结合社会科学和自然科学的某些技术知识，能够实现对整个生产系统的综合设计、评价与预测。其核心目标是降低成本，提高生产质量与效率。

工业工程的发展经历了以下四个重要的阶段。

第一阶段为奠基阶段，从 19 世纪末到 20 世纪 30 年代初期。当时，美国福特公司开始使用生产线进行汽车生产，这种生产线式的生产进入人们的视野。在此期间第一次世界大战发生，需要大量的物资保障，这对工厂的高效率生产提出了要求，间接促进了工业工程的发展。1908 年，工业工程正式作为一门大学课程进入美国校园。

第二阶段为成长阶段，从 20 世纪 30 年代初期到 20 世纪 40 年代中期。这一阶段，数学和统计学的知识被引入工业工程，由此产生了人因工程、成本管理、质量管理等工业工程方法，工业工程的主体基本形成，工业工程成了连接管理和技术的专业。这时，工业工程课程进入了更多的美国高校，工业工程师成了一种职业选择。

第三阶段为成熟阶段，从 20 世纪 40 年代中期到 20 世纪 70 年代末。这一阶段运筹学和系统工程被工业工程引入，工业工程没有理论基础的尴尬局面得以改变，工业工程得到了极大发展。此时，工业工程不再局限于美国，开始向亚太地区扩展。日本丰田汽车公司基于自身的实际情况，创立了丰田汽车生产方式。得益于工业工程的理念，日本、韩国、德国、新加坡等国的经济得到了高速发展。

第四阶段为创新阶段，20 世纪 70 年代末至今。这一阶段经济、社会、科技得到了高速发展，工业工程面临的问题也越来越复杂。计算机、系统工程的发展为工业工程提供了新的方法。工业工程的理念不再局限于生产制造业，也被其他领域广泛应用。工业工程得到更为全面发展。

图 13-1 是现代工业工程的技术体系。

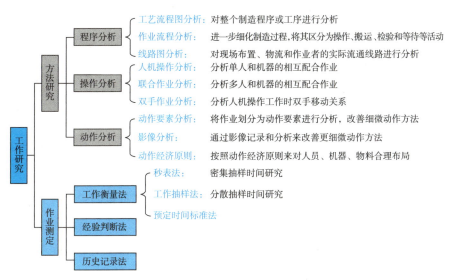

图 13-1 现代工业工程的技术体系

工业工程的目的是提高劳动生产率，确切说就是在保证质量的同时通过提高劳动生产率来降低成本。

工业工程的基本职能是在一定的空间内，把人员、设备、物流、能源和信息等组成一个更有生产力的综合系统所开展的一系列分析、规划、设计、评估、改善和创新的工程活动。

早期工业工程重点研究和推广动作研究和时间研究。

后来动作研究在发展的过程中，上升到更高的层级，融入了操作和作业层面的研究，逐渐成了一种新的研究，称为"方法研究"（Method Study）。

时间研究也得到了较快发展，开发出多种作业时间测定的方法，时间研究也改名为"作业测定"（Work Measurement）。

方法研究是作业测定的前提，方法研究和作业测定两部分结合在一起，统称为"工作研究"（Work Research）。

方法研究包括程序分析、操作分析和动作分析三个不同层次的技术。程序分析对作业系统或生产系统整体规划或优化，完成后利用操作分析解决局部工序的问题，最后使用动作分析解决微观的问题。

二、精益布局的特点

在大规模生产时代，因为市场供小于求，产品品种单一，企业需要的是快速提高劳动生产率，同时降低成本，来满足市场的需求和企业的利润率需求。大规模生产企业的布局通常分为三种：一是以产品为中心的固定式布局；二是以设备为中心的功能式布局；三是以流程为中心的流程式布局。

随着市场竞争日益激烈，市场环境不断变化，大批量的生产方式并不适合所有的产品，取而代之的是多品种小批量的生产方式。在这种生产方式下，制造企业的传统布局显现出许多不足之处，在需求不足或是生产负荷不够时，生产过程浪费严重，在制品积压，制造周期长，制造成本高，不能快速响应市场的变化等。要改变这种现状来适应需求的变化，实现企业流畅制造，比较有效的方式是部署实施精益布局。

精益布局是借鉴了工业工程中方法研究的各项技术，并结合精益思想发展而成的一种独特布局方式。精益布局与工业工程方法研究有以下不同。

1. 精益布局与工业工程方法研究的目的不同

精益管理的目的是按照客户需要的节奏进行准时化生产，就是需要拉动式生产。拉动的前提是流动，加上看板管理系统。因此，精益布局的目的是按照精益管理的要求，按照价值流动的方向进行布局，在可能的地方发展连续流，同时通过设备、人员和物流投入的减少来降低成本。

工业工程方法研究的主要目的是通过提高劳动生产率来降低成本。

2. 精益布局与工业工程方法研究所用的工具不同

精益布局除了会应用到上述工具，还有独创的一些工具。比如，为了保证生产作业符合工艺的要求，会使用工艺路线图进行初步分析，然后结合客户的需求，绘制价值流图，最后按照客户需求进行拉动设计，保证整个生产布局能在投入成本更低的情况下满足客户的要求。精益布局更倾向于使用 U 形布局，这样在客户需求减少的时候，可以通过减少人员来降低成本。

传统的工业工程方法研究主要使用的就是现代工业工程技术体系中的各种工具，如程序分析、操作分析、动作分析等。

3. 精益布局与工业工程方法研究参与的人员不同

精益布局与其他精益管理工具一样，更强调全员参与。价值流的设计、流水线或是 U 形线的设计、意大利面条图的绘制等，都需要大量的人员参与其中。传统的工业工程方法研究主要的实施人员是专业的工业工程师。

三、不同层级的精益布局

精益布局可以应用在不同层级，主要包括以下四个。

1. 工厂选址

工厂选址非常重要，涉及整个上下游供应链的管理。怎样布局各个工厂的位置，使精益供应链设计更为合理？可以借助价值流分析、帕累托图和精益供应链来进行综合分析。

（1）价值流分析

随着印度和东盟等地低成本、高产能制造业的出现，企业应该生产什么、在哪里生产、将哪个部分外包，成了日益重要的问题。

价值流分析采用的是系统化的方法，保持全局性，综合考虑各因素之间的互动。除了考虑直接成本，还考虑提前时间、质量成本、管理费用、运输成本等因素。

工厂选址需要考虑垂直和水平两个维度的分割。

垂直分割是从产品和渠道的角度进行思考，把不同的产品进行分割，将工厂中稳定大批量生产的产品外包或外迁，将灵活度高、提前时间短的产品保留。也可以使用混合生产的方式，优化改善生产过程，标准化、稳定化之后再外包或外迁。

水平分割是从生产工艺的角度进行思考，将部件生产或（和）装配与最终生产或（和）装配安排在不同地点。比如，将部件的生产和装配通过供应商外包，而将最终装配安排在公司内部进行。

（2）帕累托图

帕累托定律是意大利经济学家维弗雷多·帕累托（Vilfredo Pareto）于1897年提出的，社会财富的80%掌握在20%的人手中，而余下的人只占有20%的财富。这种"关键的少数和次要的多数"的理论，就是人们常说的二八定律，被称为"Pareto原则"，也常被称为"80/20原则"，或称"帕累托法则"，又被翻译为"柏拉图法则"。在生产过程中，二八定律是指绝大多数的问题或缺陷产生于相对有限的因素。

帕累托图又称"排列图"，是一种按事件发生的频率排序，显示各种原因引起的缺陷数量或不一致的排列顺序，找出影响项目产品或服务质量的主要因素的方法。

在精益布局中我们考虑的是"实物"帕累托分析，包括对库存的分析、产品—产量（PQ）分析、管理费用贡献分析，以及零件、物料和工具分析。

（3）精益供应链

供应链管理是比较新的领域，直到 20 世纪 80 年代早期，才有企业意识到企业竞争力不仅由自身决定，还由供应链上下游决定。有了这个发现，人们才意识到管理供应链和管理企业运营同样重要。企业要基于价值链的设计，研究和供应商、物流企业的合作方法，研究如何处理顾客订单、定制品的需求，来设计精益价值链，建立长期的合作模式。

2. 车间布局

工厂总体布局先要考虑规模。雪恩伯格尔建议将大约 5 万平方米或 50 万平方英尺作为规模上限。规模太大，雇员太多，沟通也会不畅，容易抓不住重点。如果工厂规模太大，可以将其划分为几个分厂，每个分厂独立运营管理。

车间整体布局最好采用 60：40 的长方形布局，同时由专职物料员使用手推车来传送物料，这样能够直接给各生产单元送料，共享劳动力资源，实现短的价值流之间的平行生产。

通常车间布局分为以下 10 个步骤。

（1）PQ 分析

根据市场需求的预测，绘制产品—产量图，然后根据帕累托图进行分析，优先处理产量需求大的产品。

（2）价值流分析

通常是从最靠近客户的一个点开始，按照拉动的顺序，规划整个价值流图。进行工厂价值流分析，绘制包含信息流、物流、工艺流的理想价值流图。

（3）产能分析

充分了解客户产能需求和节拍时间，以便平衡设备和人员能力。

（4）物流移动路线分析

可以通过意大利面条图等线路图进行物流移动路线分析。

（5）确定设备种类和数量

根据理想价值流图、工艺流程图以及产能分析结果，确定设备的种类和数量。

（6）确定生产线数量

根据需要的产能、工艺流程图、设备的种类和数量以及物流动线来确定生产线数量。

（7）确定整体布局规划

根据前6个步骤的信息来确定车间整体布局规划。

（8）布局规划说明

提供布局规划设计图、设备统计、面积、人员配置、工装夹具等资料，并进行说明。

（9）布局模拟和改善

采用模拟软件或者模型、沙盘进行生产、物流、搬运模拟仿真测试，不断发现问题，不断完善布局规划设计内容。

（10）布局实施

根据完善后的布局规划，实施训练和说明，确保布局方案落地执行。

3. 单元布局

为了提高流动性，车间的流水线布局一般可以归纳为两种：传统一字形生产线布局和U形布局。

传统一字形生产线布局有以下缺点：当需求减少时，如果减少人数，则需要一个人操作多台设备或进行多个工位操作，此时存在步行浪费，增加了作业时间和劳动强度，同时不利于实现人员柔性化调整。细胞式生产单元（U形布局）已成为普遍流行的布局，与传统的一字形生产线布局相比，它更方便工作轮换，更方便调整工人的数量来满足经常变化的节拍时间和产量要求。

理想的细胞式生产单元要求是单件流、可见性良好、工位间库存最少、有与之相匹配的组织结构、有辅助的超市库存和配送路线以及有具体的防错装置（见图13-2）。

理想的细胞式生产单元，可以通过以下八个步骤建立。

第一步：建立产品族。

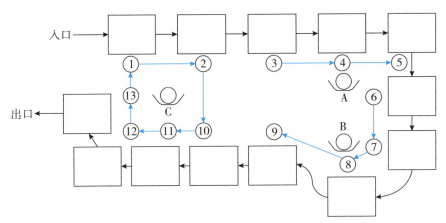

图 13-2　理想的细胞式生产单元

第二步：确定节拍时间。

第三步：确定标准工作包。

第四步：确定标准工作包的时间。

第五步：布置工作场地。

第六步：建立拉动系统。

第七步：建立可视化信号系统。

第八步：建立计划系统。

下面就这八个步骤详细说明。

（1）建立产品族

通过 P-Q-R（需求）分析，排序归类，针对不同类别的产品安排不同的产线，一条线用于一类产品。

（2）确定节拍时间

节拍时间是生产一个单位产品所必需的时间，由每班的顾客需求量和每班可用的工作时间，按下面的公式来确定：

节拍时间＝每班可用的工作时间/每班的顾客需求量

（3）确定标准工作包

通过编制标准化作业表将生产线作业标准化。

（4）确定标准工作包的时间

确定各工作要素的时间。

（5）布置工作场地

进行 U 形线设计和 5S。

（6）建立拉动系统

重点是看板系统和超市系统。

（7）建立可视化信号系统

进行可视化。

（8）建立计划系统

进行产能规划。

4. 工位布局

在完成了车间布局和单元布局的规划和优化后，通常需要针对工位布局进行规划和优化。

工位布局主要涉及人的动作分析，在减少动作浪费的同时，避免增加人的疲劳程度，提高人体舒适度。主要用到动作分析和人因工程方面的内容。

郭耀纯

数学与应用数学学士，工商管理硕士。

2005 年获得六西格玛黑带认证。

2013 年获得美国项目管理协会 PMP。

2016 年获得 500 强企业认证"金牌培训师"。

2016 年获得六西格玛黑带大师认证。

拥有超过 16 年的企业大型项目统筹和实战经验。擅长将战略管理、项目管理等系统化方法论与企业运营管理紧密结合，为多家世界 500 强跨国企业和国内上市公司提供绩效提升管理咨询服务，提供精益生产和六西格玛培训、咨询服务，帮助企业显著改善运营质量和效率。

第十四章

SMED

一、什么是 SMED

SMED 英文全称是"Single Minute Exchange of Die"，中文通常翻译为"单分钟换模""快速换模"或"快速换线"。在最早期，换模指的仅仅是有模具需要更换的产品线转换过程，现在的换模或换线指的是任何形式的产品切换。

SMED 是由新乡重夫发明的一种精益管理工具，起源于 20 世纪 50 年代初期的日本。

SMED 系统的发展形成共经历了三个阶段。

1950 年，新乡重夫为了改善工厂，在广岛市东洋工业公司对冲压机的稼动率进行分析，并针对产品生产切换过程提出了两个概念，即内部换模和外部换模。内部换模是指在机器停止时进行的换模作业，外部换模是指一定要在机器运转中实施的换模作业。

1957 年，新乡重夫访问了三菱重工的造船厂，并研究如何增加"大型单臂式龙门刨床"的产能，完成了内部换模向外部换模的思想转变。

1970 年，新乡重夫访问了丰田汽车的车身工厂，由于当时该工厂的换模时间是德国大众工厂的两倍，该工厂希望能够减少换模的时间。新乡重夫提出了两点建议：一是区分内部换模和外部换模，二是分别改善内部换模和外部换模。经过半年的努力，丰田汽车的车身工厂的换模时间缩短到了 1.5 小时。这时候，公司领导又希望能够将换模时间缩短到 3 分钟，于是新乡重夫根据三菱重工的经验提出将内部换模转换为外部换模，并于几个月后达成了目标。因为所用的时间 3 分钟是个位数，也就是在 10 分钟内完成了换模，所以新乡重夫将这种方法命名为"单分钟换模系统"（Single

Minute Exchange of Die System）。[①]

二、为什么要进行 SMED

在实际的生产过程中，一个工厂、一条生产线或是一台设备不可能只生产一种产品，所以生产时通常要在不同的产品之间进行切换，这时候就需要对设备或是生产线进行一些换模或是换线处理。

换模是指任何因要生产的产品型号发生更换而必须使机器或生产线停止生产，以从事更换动作来保证下一个型号的产品正常生产的各种作业。

换模时间是指因为要从事换模动作而使机器或生产线停止生产的时间，即前一批次产品最后一个合格零件与下一批次第一个合格零件的间隔时间。

大批量生产、多品种小批量生产和精益生产如图 14-1 所示。

图 14-1　大批量生产、多品种小批量生产和精益生产

在大批量生产的时代，产品相对单一，每种型号的产品可以连续生产的时间较长，通常是数天或是更久。产品之间换模的时间也比较长，通常为数小时。

随着消费者的需求变得多样化，生产方式开始向着多品种小批量的方式转变，这个时候单个型号产品生产可能只需要几小时，之后就要切换到另一个型号产品的生产，如果换模时间较长，就会严重影响生产的产能和

---

①　新乡重夫 . 新乡重夫谈丰田生产方式［M］. 北京：机械工业出版社，2018.

设备的稼动率。

企业在采用了精益管理的 SMED 方法后，极大地缩短了产品换模的时间，既可以满足市场对多品种小批量的需求，又可以提高生产过程的产能和设备的稼动率。

SMED 的推行可以带来以下诸多好处。

一是库存积压少，不需要额外库存即可满足客户的时间和数量要求。

二是交付周期短，缩短交货时间，缩短客户下单提前期，让客户更早将多种产品推向市场。

三是品质稳定，SMED 将换模过程细化和优化，减少调整过程中可能的错误，提升了产品的品质。

四是产能更高，SMED 缩短产品切换的停机时间，这意味着更高的设备稼动率和生产效率。

五是设备更少，通过 SMED，企业可以使生产过程中的设备投入更少，降低了成本。

三、SMED 的八大原则

新乡重夫在不断完善 SMED 的过程中，总结了八个重要的思考点，也就是 SMED 的八大原则（见图 14-2）。

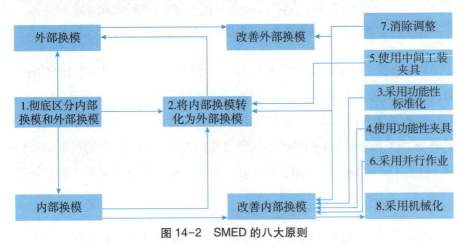

图 14-2　SMED 的八大原则

原则 1：彻底区分内部换模与外部换模。

内部换模是指必须在机器停止生产状态下才能进行的换模相关的作业动作。

外部换模是指机器在正常的生产运转中，但是仍然可以进行的换模相关准备作业动作。

原则 2：将内部换模转化为外部换模。

将内部换模的作业动作转化为外部换模的作业动作，就可以减少机器停止生产的时间，这是 SMED 最具决定性的想法。

原则 3：采用功能性标准化。

如果能够使替换的模具在形状和尺寸上标准化，就可以大大减少内部换模的时间。如果做不到这一点，可以考虑对换模的部分功能进行标准化来减少内部换模的时间。

原则 4：使用功能性夹具。

使用一些可以快速固定的功能性夹具来减少内部换模的时间，比如，使用卡钳固定就比使用螺栓更快，因为螺栓需要旋转很多圈才能锁紧或是放松。

原则 5：使用中间工装夹具。

在机械加工或是电子组装的过程中，通常需要固定用的夹具，这时候可以考虑制作两套一样的夹具，当 A 夹具在正常生产产品 A 时，可以先把 B 产品固定到 B 夹具上，缩短内部换模的时间。

原则 6：采用并行作业。

如果有些换模的作业动作可以由多人共同完成，尤其是内部换模，就可以考虑在换模时增加人手，采用并行作业来减少换模的时间。

原则 7：消除调整。

在一般的换模过程中存在很多调整，占用了大量内部换模的时间，可以采取一些手段，快速定位，并且一次性定位到正确的位置，这样就不需要进行调整，这样的定位称为"零调整"。常用的手段有限位开关、量规等。

原则 8：采用机械化。

SMED 的核心理念是必须先正确实施把内部换模转化为外部换模的想法，然后在这个过程中采用机械化，但是不应该只束缚在机械化中而进行昂贵的精密工装夹具的投资。

四、SMED 实施的五个步骤

如图 14-3 所示，SMED 的实施可以分为以下五个步骤，做好这些，就能快速缩短生产过程中换模的时间。

图 14-3　SMED 实施的五个步骤

步骤一：分析当前换模作业。

通过小组讨论、录音录像的方式，根据工业工程中的方法研究的各种工具，详细分析整个换模过程中涉及的各个作业步骤和作业动作。

步骤二：区分内部换模和外部换模。

对步骤一记录的各个作业动作进行分类，区分出内部换模和外部换模。

步骤三：优化外部换模。

针对外部换模的作业进行优化，减少外部换模的准备时间，尽量保证在设备停机进行内部换模时，外部换模的工作已经全部完成。

例如，利用 5S 中的整理、整顿，改进配件和工具管理，使配件和工具容易找到和存放，减少寻找配件的时间，降低错误使用配件和工具的风险，减少不必要移动；准备和使用检查表；提前准备好需要的物料；提前进行对会使用到的辅助工具的功能检查。

步骤四：将内部换模转化为外部换模。

将有些需要停机之后进行作业的内部换模转化为外部换模，比如，对注塑模具提前进行预热，利用另一套夹具提前对机加工的夹具进行装夹等。

步骤五：持续优化以上四个步骤。

对以上四个步骤涉及的内部换模和外部换模进行持续性改善，对短时间内不能转化为外部换模的作业要进行优化，通常优化的方法如下。

使用功能性标准化；并行操作；使用功能性夹具和快速紧固件；尽可能消除调整。

还需要不断想办法尽可能把内部换模转化为外部换模，以此来尽可能缩短换模的时间。

郭克科

六西格玛黑带，精益专家，国家二级心理咨询师，拥有在多家医院、制造业企业和世界 500 强医疗器械企业的工作经验，对目前国内医院运用精益管理理念、优化管理流程所面临的问题和整体解决方案有着独到的见解。

第十五章

通过看板系统实现拉动

前文讲过精益管理的五大原则，即价值、价值流、流动、拉动和尽善尽美。

要想实现拉动，就需要先实现流动，要想实现流动，就需要通过价值流图把价值流动的线路识别出来，进行合理布局，并让 4M1E 稳定，4M1E 品质得到保证才能实现高效流动。

在价值流图章节讲到将来状态价值流图绘制的七个准则时，第二个准则是尽可能创建连续流。如果可以的话，尽量创建单件流的加工方式。但是并不是所有的情况都适合采用连续流，比如，机械加工里面的热处理，通常需要对一批零件同时进行处理，才能降低成本。或者某些大型设备，单工序的时长明显超过其他工序成为瓶颈时，连续流就很难保证。那么该怎么办呢？

这时候我们就需要用到将来状态价值流图绘制的第三个准则：如果连续流不能够向上游扩展，建立一个超市或 FIFO 管道来控制生产。

也就是说，当连续流不能在整个生产线上扩展时，就需要通过其他的方式来实现拉动。这时候，基于超市的看板管理就能够完美地实现拉动。

一、超市与看板系统

看板系统与其他的精益管理工具类似，都是日本专家在借鉴了很多美国管理方式之后进行改良的产物，看板系统就源自美国的超市管理系统。

超市在日常生活中比较常见，其实超市的雏形是美国的自助服务商店。1916 年，克拉伦斯·桑德斯成在田纳西州孟菲斯市成立了一家 Piggly Wiggly，这是一家自助服务商店。顾客可以在店中自选商品，然后到柜台结账。1917 年他将这种顾客自助购物的零售店经营模式申请了专利。

这种零售店经营模式被迈克尔·库仑发扬光大，1930 年 8 月，美国人迈克尔·库仑在美国纽约州开设了一家名为金库仑联合商店的超级市场。当时，经济大危机席卷了整个美国，但迈克尔·库仑依据自己的经营经验，采用商品品种定价方法和自助式销售及一次性集中结算的方式。当时，迈克尔·库仑用低价为自己赢得了大批顾客，他将超市的毛利率从一般商店的25%~40%压到了9%，通过大量进货的方式保证了进货价格低廉，又通过连锁开设分号的方式建立起保证大量进货的销售系统。他的这种让利给顾客的方式为自己赢得了极多的忠实顾客，很快，经济复苏后，这种超市在世界范围内得到了快速发展。

这种超市的特点主要表现在以下几个方面。

第一，在入口处为顾客放置购物车或购物篮，顾客可将需要的商品放置其中，统一到收银台结账即可。

第二，超市中的所有商品都有明显的价格标识，并且按照相应的规格进行包装和摆放。这样既方便顾客查找，又方便超市方迅速补充产品空缺，可以实现顾客随意挑选、自我服务。

第三，广泛使用货架和统一规格的容器，在展示货品的同时，方便超市方及时了解商品售货情况，以便及时补充和整理商品，在提高工作效率的同时降低运营成本。

第四，品种齐全，生鲜蔬菜、家用日化，应有尽有，人们在进入一家超市后，能买到日常生活中绝大多数商品，免去了到不同地方挑选不同商品的麻烦。

第五，自助式销售方式极大节约了顾客的时间，提供了最大限度的选择自由。

第六，大规模采购可以降低成本，让利顾客，通过增加销量来提高利润总额。虽然超市里货架上的库存有限，但是大量采购的商品都堆积在库房里，一旦新技术出现，导致旧产品与顾客需求不符合，或是市场不景气，就会造成大量的库存积压。

1956年，超市的这种自助式销售方式被到美国参观学习的大野耐一看在眼里，当时美国的超市正在急速成长。大野耐一非常看好超市的这种运作模式，他在研究和总结超市的运作模式后，提取精华并将其用于工厂中，从而产生了兼具超市自助高效和工厂精益管理特色的看板系统。

虽然看板系统是根据超市系统加以演化改变后形成的，但是看板系统又不同于超市系统，看板系统的指导思想是准时化生产。它的基本思想还是在顾客需要的时间，提供给顾客需要数量的需要物品，也就是能随时提供给顾客所需要的物品的便捷感和满足感。

按照大野耐一的说法，看板系统是为了避免现场人员总产生过量生产的想法。看板管理源于美国的超市系统，但是在准时化生产思想的指导下，尽可能地避免了过量生产和库存，是一种按照客户需求拉动生产的管理方式。

看板系统吸收了超市系统目视化管理、标识、定点定量等优点，然后通过先获得订单或是预估的方式，提前确定客户需求，再把需求在供应链上传递，形成上游供应商按照下游客户，或是上游工序按照下游工序消耗，以提供相应的产品的连锁生产方式，极大地降低了库存和过度生产浪费，是独具特色的拉动管理系统。

二、什么是看板

很多人常常将信息板、看板、看板系统混为一谈，其实，它们有许多不同。

1. 信息板

在现代企业中，不论是在公司还是工厂，可以看到各种各样的信息板。比如，在销售部门看到的月度销售汇总信息板，在生产部门看到的产量信息板、排班信息板、员工技能说明板、5S 点检展示板、生产计划信息板等。很多人也将其称为"看板"，其实严格意义上，这些都不是看板，这些都只是展示信息的信息板。

2. 看板

并不是有信息的板子就是看板。看板源自超市系统，让我们来看看超市系统运转需要的三张单据。

第一张是物料标签，说明物品的名称、编号和单价。第二张是物料流转单，说明物品的搬运信息，从某地到某地，可以是从仓库到超市，也可以是从生产供应商处到仓库。第三张是生产（补货）任务单，表示某产品需要生产或是补货的时间和数量。

看板是在以上三张单据的基础上，通过综合运用发展起来的。

Kanban 最早是一个日语词汇，不是一个英语单词，更像是拼音。但是现在其被收录在英语词典中，其英文字面意思是"信号卡"。

看板是传递生产任务或者搬运任务的指示信息卡，是一种拉动信号。看板通常是一种卡片，上面记载有物品编号和名称、地点和时间信息，如零部件型号、取货地点、送货地点、数量、工位器具型号及盛放量等信息，作为指示取货、搬运和生产的信息卡。

看板通常可以分为生产看板和取料看板。为了便于理解，可以将看板与超市系统对应。

生产看板=物料标签+生产任务单

取料看板=物料标签+物料流转单

3. 看板系统

根据客户需求的数量和节奏，通过重复使用多张看板，限制看板的张数，来限制整个供应链和生产过程流动的产品数量，从而减少过量生产，同时将在制品的数量降到最低。

图 15-1 就是典型的看板系统运作。使用流程 B 根据需要，拿着取料看板去超市领需要的零件，将取料看板留在超市的同时领到实物。然后超市根据取料看板上的信息和库存，安排生产看板流转到供应流程 A，供应流程 A 按照生产看板的指示，生产对应数量的产品或零件，补充给超市。

三、看板系统的作用

看板系统是实现准时化生产的重要工具，主要有以下几点作用。

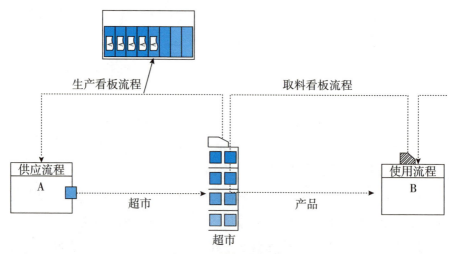

图 15-1   看板系统运作

1. 提供生产指令，抑制过度生产

看板系统最基本的功能是提供生产及运送指令，通过拉动生产的方式，为工厂或工人提供生产指令，抑制过度生产。看板系统能够按照实时的市场信息计算出相关的生产、搬运等节奏，并对几条生产线上的产品数量进行严格控制，减少仓库中的库存和生产工序中的浪费。例如，在装配线中，"后工序领取"及"适时适量生产"等就是通过看板管理的功能来实现的。一般来说，看板中记载的信息包括生产和运送的数量、时间、目的地、放置场所、搬运工具等，员工可以以此从装配工序向前追溯。

2. 防止搬运浪费

看板系统需要按照既定的运行规则来运行，"没有看板不能生产，也不能运送"是看板管理的重要规则之一，依据这条规则，在没有取料之前，不可以随意搬运物料，这样一来，看板系统的使用就能防止搬运浪费。

3. 提高可视化管理水平

"看板必须附在实物上存放""前工序按照看板取下的顺序进行生产"同样是看板管理重要的运用规则。如果能做到按规定使用看板，在现场作业的人员就能对生产的顺序一清二楚，从而做到清晰管理。根据看板中展示的信息能够对生产中作业的进展情况、生产能力的配置情况、库存和工作人员的工作情况等进行有效把握，从而提高生产中的可视化管理水平。

何邑雄

2009 年本科毕业于哈尔滨工业大学热能与动力工程专业，2012 年获得巴黎综合理工学院、卡尚高等师范学院、巴黎高科国立高等工艺学院和巴黎第六大学共同颁发的材料工程硕士学位并同时获得巴黎高科国立高等工艺学院工程师学位。

2014 年获得美国项目管理协会 PMP 认证。

2018 年获得国际 TRIZ 协会 3 级专家认证。

2019 年获得 ABB 全球精益六西格玛学院黑带大师认证。

2012 年毕业后一直在世界 500 强外资和合资企业从事技术研发、持续改进和卓越运营等工作。

2020 年 5 月加入安徽中鼎密封件股份有限公司并担任 NVH 模块运营总监，兼任四川望锦机械有限公司技术质量副总经理。

第十六章

持续改善

持续改善是精益管理的三大基础之一。持续改善的日文名称是"Kaizen"，意指微小、连续、渐进的改进，英文名称是"Continuous Improvement"，简称 CI。

一、持续改善的来源

"Kaizen"是一个日语词汇，在日本已经被使用很多年了。

20 世纪 50 年代前后，这个词语被日本工业界赋予了新的含义，它表示通过发动全体员工参与，在不花费大量资金的情况下，通过持续的、渐进的改进活动来消除浪费，就可以改进质量，降低成本。

20 世纪 50 年代，今井正明积极参与到戴明博士与日本质量管理专家共同发起的质量改善活动中，学习到了 PDCA 的精髓。今井正明曾与丰田汽车生产方式的创始人大野耐一共事并研究精益技术。通过多年潜心研究，结合欧美的改善方法，今井正明发明了自己的精益改善系统。

20 世纪 80 年代，今井正明出版图书，将改善的方法推向全世界，今井正明也被称为"改善之父"。

二、创新、改善、维持与全员参与

第二次世界大战后日本经济奇迹般复苏，并且取得了世界经济强国的地位，这将全世界的目光吸引到这个物资匮乏、面积狭小的岛国上，许多国家都学习日本丰田汽车的管理模式，这种模式的精髓之一就是持续改进。持续改进意味着所有人，包括高层管理者、经理和工人持续不断改进，即改善是每个人的事。而且我们的工作、学习和生活都需要持续改善，才能带来人类的进步。持续改进的绝大多数可持续的长期收益来自每个人每天的小的改进。

持续改善是需要全体人员参与的，那么不同层级的人员又是如何参与到该活动中的呢？

如图16-1所示，今井正明认为管理的职能分为三种，即创新、改善、维持。

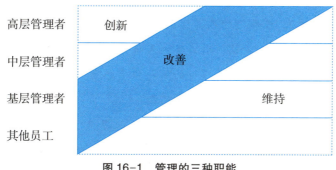

图 16-1　管理的三种职能

创新就是一种新技术或是新设备的引用，通常会带来立竿见影的效果，但是是一次性的。创新通常是由企业的中高层管理者来主导的。

改善是微小的、渐进的，通常不会带来立竿见影的效果，但是可以持续。通常不同主题的改善活动可以由不同层级的职员来主导。

维持就是按照现有的规则、制度、流程和作业指导书进行操作，保证系统的稳定性。

创新、改善、维持的关系如图16-2所示。

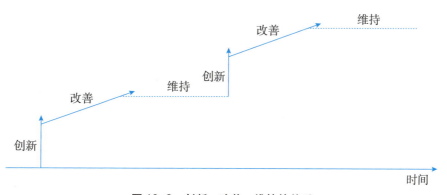

图 16-2　创新、改善、维持的关系

故事链接：持续改善，打开我的职业之门

我在刚刚硕士毕业的时候，就进入了一家外企的 IE 部门①，那个时候的工业工程专业的毕业生不多，所以企业专门对相关专业的毕业生进行培训和选拔，刚好我进入的是一家培训出色但竞争激烈的外企。

每一个新进入 IE 部门的人要做的第一件事就是参加为期 6 个月的培训，这包含理论培训、考试、项目实施和跟进。每一个过程都有老师的评估、监督和辅导。其中拿到的项目的难易程度非常关键，因为直接决定着成功与失败，然后决定着能否通过试用期。

刚刚好，我拿到的项目是瓶颈区域的产能提升 5%，难易程度自不必说，更关键的是，该瓶颈区域的产能提升项目在近期内已经做过两轮，一轮是我师父做的，另一轮是我的辅导老师做的。

当我得知这一切的时候，满脑子都在想为什么做过的产能提升项目要重新做，为什么 IE 老师都做过的项目还要让一个 IE 新人继续做，为什么让我做。但培训总要开始，项目也总要开始，于是我硬着头皮参加培训和项目。

这半年里，我经历了重重考试，很多次彻夜学习，很多次连续观测，有很多不理解、很多委屈、很多泪水，终于我通过了重重考试，成功达成了项目目标，同时收获了一批同甘共苦的伙伴。

这就是我在刚刚进入 IE 领域时体会到的持续改进，它从来都没有尽头，从来都没有那么容易，但是它会让我们收获很多。我永远记得老师说过的"不要放弃任何一个微小的改善机会"，恰恰是这种较真，这种不服输，这种持续改进的心态让我坚持在 IE 领域工作这么多年，在此我要诚恳感谢我的入职老师。

在初入职的那段旅程中，我接受了严格而让人迅速成长的培训与锻炼，提高了知识、体力和心理承受力，真是受益匪浅。

---

① IE 部门指由工业工程专业的工程师组织起来的部门。

三、持续改善的开展方式

持续改善开展的路径是 PDCA，持续改善项目的过程和结果可以通过 A3 报告来进行总结，PDCA 和 A3 报告在之前的章节就详细介绍过了，这里不再赘述。

持续改善的基础是全员参与，不同层级的员工可以参与到不同的项目中来。常见的持续改善活动有三种：全员参与的合理化建议、基层主导的 QC 活动、中高层主导的专题"改善周"活动。

1. 全员参与的合理化建议

合理化建议管理制度来源于 20 世纪 50 年代，当时，丰田英二参观福特公司，发现其中有一项"建议制度"非常新颖、有效，就将其引入丰田汽车公司。在此后的实践中，石田退三将其不断完善，逐渐形成丰田汽车公司员工广泛参与的"提案制度"。仅 1986 年一年，丰田汽车公司的合理化建议数就有 2648740 件，员工参加率高达 95%。员工提出的合理化建议涉及方方面面，大到经营理念、产品研发、成本管理、技术升级等内容，小到怎样拧螺丝和利用短铅笔头等。这些建议的采用率也非常高，据统计，有 96%的建议被丰田汽车公司采用了。丰田汽车公司更是因此减少了数亿美元的生产成本。

那么，丰田汽车公司的合理化建议管理制度有哪些特征呢？归纳来说，其有以下几点。

（1）规律性

精益生产要求相关领导定期审查合理化建议，尤其是来自基层的合理化建议，并及时公布相关的结果，如采用或不采用等。如果采用，则要迅速联系相关人员执行该项建议。

（2）广泛性

广泛性指的是这样的制度有着广泛的群众基础。因此，企业中的每个成员，无论是管理者还是一线员工，都应该将自己作为企业的主人，积极、热情地提出自己的建议和意见。另外，相关负责人要支持下属提出合理化建议，并为其提供相应的资源。

（3）持续性

持续性指的是全员提出合理化建议，不是一次两次的活动，而是持续不断的活动。企业的成功不是一朝一夕就能达成的，企业需要在不断优化和改进中发展和前进。

（4）激励性

激励性指的是对于积极响应并提出了合理化建议的员工给予一定的物质奖励，以调动其积极性。

2. 基层主导的 QC 活动

QC 活动由 QC 小组主导。QC 小组的英文名称是"Quality Control Team"，最早是指在品管圈活动中以质量改进活动为主题组建的基层小组，现在泛指在生产、服务及管理等岗位上的员工自愿组合，围绕企业的经营战略、目标和现场存在的问题，以降低消耗、改进质量、改善环境、提高人的素质和经济效益为目的，运用质量管理的理论和方法开展活动的小组。

（1）QC 活动步骤

QC 活动步骤如下。

第一，选择课题。

QC 小组可选择的课题范围很广，一般来说，主要以这些内容为主，即用户的需要、现场存在的薄弱环节、企业方针目标和中心工作等。

课题按照来源的不同又可以分为指令性课题、指导性课题和小组自选课题三种。指令性课题指的是由某位人员直接为小组指定课题，通常来说，这位人员对课题有着较深的理解和把握，在实施课题时，一般是以其意志为主、以小组成员的劳动为辅。指导性课题与指令性课题相似，一般都是生产经营中迫切需要解决的问题，且课题的提出同样依赖于某位人员；不同的是，指导性课题小组成员可发挥的主观能动性更大，那位人员主要起到指导小组成员完成课题的作用。小组自选课题是由小组成员自行选择的课题。

在选择课题时要注意以下几点：首先，课题宜小不宜大；其次，课题避免过于宏大和抽象，最好是能让人一眼就看出想要解决什么问题；最后，要说明选择该课题的理由，如做这个课题的必要性和主要目的。

第二，现状调查。

现状调查在整个过程中起到承上启下的作用，主要是确定问题的严重程度。它要求相关人员对现状进行认真、仔细调查，在调查中，用数据说话。因此，要注意调查中数据的客观性、时效性、可比性等，再将数据整理、分类，进行更深一层的分析和探索，以便找到问题的症结所在。在现状调查过程中，常见的工具方法有调查表、分层法、简易图表等。

第三，制定目标。

制定目标是为了确定 QC 小组要把问题解决到什么程度。因此，在设定目标时，要注意以下几点。首先，目标要被明确表示出来，最好可以量化；其次，目标与问题要对应；最后，要说明制定目标的依据。

第四，分析原因。

针对问题分析背后的原因，找出究竟是什么造成了现在这个问题。在分析原因时，要注意以下几点。首先，针对已经存在的问题进行原因分析；其次，注意将问题的全貌展现出来；再次，分析原因要彻底；最后，要正确、恰当使用统计方法。

第五，确定主要原因。

在分析原因的过程中，也许员工会找出很多方面的原因，有些原因是造成问题的主要原因，有些则不是。这时，要确定问题的主要原因，以便更好解决问题。

在确定主要原因时，可以遵循以下三个步骤。首先，收集系统图、因果图、关联图等的末端因素，末端因素往往隐藏着问题的根源，主要原因可以在末端因素中选取；其次，逐条确认末端因素，将其中无法被改变的因素剔除出去，确认的方法有现场验证、现场测试、现场测量、调查分析等；最后，找出真正影响问题的主要原因。

第六，制定对策。

制定对策指的是针对前一步骤所确定的主要原因制定相关对策。制定对策可以分为三个步骤：提出对策；研究、确定所采取的对策；确定对策表。在确定对策表时，注意表中通常要包含序号、原因、对策、目标、措施、地点、时间、负责人等要素。

第七，实施对策。

对策表确定后，小组成员就可以严格按照对策表中列出的相关条目加以实施。在整个过程中，组长除了要完成自己负责的相关实施工作，还要负责组织和协调小组内的工作，并定期检查实施的相关进度。对策实施遇到困难，无法再向下推进的时候，小组成员要及时讨论，寻找解决问题的方案。每条对策实施完毕，都要收集相关的数据，以便和所定的目标进行比较，检查对策的实施是否已经达到了要求。在对策的实施过程中，还要做好记录工作，以便为以后的工作提供依据。

第八，检查效果。

当对策表中的所有对策实施完毕后，要按照新的情况进行试生产，并从试生产的过程中收集数据，检查所取得的效果。

在此过程中，要将实施后的数据、实施前的状况、小组制定的目标三者进行比较。如果已经达到目标，则说明问题被解决，能够进入下一步；如果目标没有达到，说明问题没有被解决彻底，需要返回第四步重新分析主要原因，直到目标达成。

在检查效果这一步，还要计算相关的经济收益和其他的无形成果。

第九，制定巩固措施。

制定巩固措施主要是为了维持取得的效果，同时防止此类问题再次发生。主要应做到以下三点：首先，将前面过程中证明有效的对策纳入作业指导书、班组管理办法、企业相关制度中；其次，生产时，需要到现场再次确认是否按新的标准执行操作；最后，做好记录和统计，用翔实的数据说明成果的巩固情况。

第十，总结和下一步打算。

前面的步骤完成后，小组成员要围坐在一起讨论并认真总结，要点有以下几个。首先，解决问题的情况，如通过此次活动，解决了哪些主要问题和相关问题，有哪些问题没有被解决；其次，数据等使用情况，如在解决程序中是否以事实为依据、是否用数据说话等；最后，在做好前面几个的基础上提出下一次活动要解决的课题，以便 QC 活动持续开展下去。

（2）QC 七大手法

QC 小组常用的改善工具是 QC 七大工具，也称为 QC 七大手法。石川馨在日本倡导"QCC 品管圈"运动，不仅积极推行 PDCA，同时在大量的 QC 活动中应用各种质量工具，并总结出了七种基本的工具。石川馨结合日本传统人物武藏坊弁庆使用的七种武器，将这七种基本的质量管理工具命名为"QC 七大手法"。石川馨把统计方法按照难度分为三个类别，其中最基础的就是 QC 七大手法，他认为依据经验，企业内部 95% 的问题可以通过 QC 七大手法来解决。

这七大手法包括以下几点。

第一，层别法。

不论是分析问题，还是分析原因，抑或是同时分析问题和原因，都要采集数据。采集数据并不是为了获得有关样本的知识而对样本采取措施，而是为了获得有关总体的知识而对总体采取措施。因此，在采集数据的时候要把所有的事物分层进行考虑，分层后再采集数据。

第二，帕累托图。

帕累托图又称排列图，按事件发生的频率排序而成。通常，其在要分析的问题是计数型数据问题时使用。在生产过程中，帕累托定律是指绝大多数的问题或缺陷产生于相对有限的原因。

第三，特性要因图（鱼骨图）。

特性要因图是一种发现问题根本原因的分析工具，因形状很像鱼骨，所以被称为鱼骨图或者鱼刺图。鱼骨图由日本管理大师石川馨先生发明，故又名"石川馨图"。鱼骨图的大骨通常采用人机料法环测（5M1E）方法进行分类。

第四，检查表。

检查表是指特别为分层并采集数据而使用的表。检查表可以是单独针对问题或是针对原因的，也可以同时针对问题和原因。

第五，直方图。

直方图又称质量分布图，是一种统计报告图，由一系列高度不等的纵向条纹表示数据分布的情况。一般用横轴表示数据值，纵轴表示频数情况。

直方图是计量型数值数据分布的精确图形表示，最常见的就是频数分布直方图。

频数又称次数，指变量值中代表某种特征的数（标志值或区间）出现的次数。

第六，散点图。

散点图又称相关图，它是用来研究两个计量型变量之间是否存在关系的一种图形。

用两组数据构成多个坐标点，考察坐标点的分布，判断两变量之间是否存在某种关联或总结坐标点的分布模式。

第七，控制图。

控制图是由质量大师休哈特发明的，他于1924年在贝尔实验室绘制了世界上第一张控制图，他通过使用简单的统计工具如抽样和概率分析来了解变异。

控制图可以用来控制输出，也可以用来控制输入，可以用于计量型的数据，也可以用于计数型的数据。

通常是在关键的过程输出上使用控制图，如果发现有不受控的情况，就需要找到特殊原因进行改进。如果过程受控了，但是过程变异很大，要想办法减少过程变异来满足客户要求。

3. 中高层主导的专题"改善周"活动

在持续改进的过程中，有些问题需要用到特定的精益工具，并且需要在短时间内快速在样板区域取得一定的效果，这个时候就可以通过"改善周"的方式来完成。

所谓"改善周"，就是在一周之内，集中公司的财力、物力和人力，对选择的样本区域进行某个特定精益主题的改善。

"改善周"的主要工作流程如图 16-3 所示。

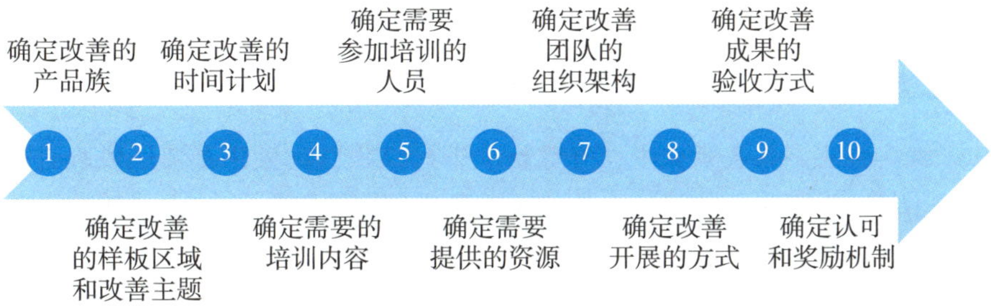

图 16-3   "改善周"的主要工作流程

第一，确定改善的产品族。

第二，确定改善的样板区域和改善主题。

第三，确定改善的时间计划。

第四，确定需要的培训内容。

第五，确定需要参加培训的人员。

第六，确定需要提供的资源。

第七，确定改善团队的组织架构。

第八，确定改善开展的方式。

第九，确定改善成果的验收方式。

第十，确定认可和奖励机制。

四、持续改善的案例

我曾经在一家外企担任工厂的持续改善高级经理职务，主要工作之一是组织和带领各部门人员识别工厂的改善点，识别项目的可实施性，生成工厂级持续改善项目，通过全年持续跟进和辅导，来达到工厂级的改善目标。主要工作之二是在全工厂范围内推广持续改善的文化，主要目标人群是工厂的蓝领员工，通过对蓝领员工进行持续改善的宣传、激励和辅导，让蓝领员工提出更多的建议并实施，最终达到工厂的改善目标。令我惊讶的是，蓝领员工提出的建议并顺利实施完成的能占到整个工厂改善目标的16%，所以持续改善处处可在，人人可参与，蓝领员工的"星星之火"也可以"燎原"。

案例链接：对生产工序进行优化

在一个生产准备步骤中，有剪切胶带的操作，该操作在预组装车间进行，由操作工使用剪刀将一卷胶带手工剪切到需要的长度，但是每个操作工都有自己的方法，剪切的场所不一致，剪切的胶带质量也参差不齐，如有胶带粘连、长度超出误差范围等问题，对于后续操作的影响是总装车间的操作工需要花费时间去整理、分离开已经粘连的不整齐的胶带，同时对于长度超出误差范围的胶带要么报废掉，要么花费更多的时间整理。

针对这个问题，IE 工程师做了第一步的优化，即进行标准化。在这里就引入了持续改善。

IE 工程师首先确定可以操作的场地和工作台，为员工安排符合人机工程学的座椅，确定需要剪切的胶带的尺寸，然后针对不同的剪切方法进行时间测定，请质量组同事针对不同的剪切方法进行评估，最终确定了用时最短、质量最好的一种剪切胶带的方法。IE 工程师运用以上结果制作了标准作业指导书，然后培训给员工。车间也按照标准作业指导书设置剪切作业台和标准尺寸。

IE 工程师继续跟踪了一段时间，保证该操作在按照标准实施，并且大大减少了在总装区域的胶带粘连和尺寸超出误差范围的问题。

在跟踪测量操作时间的过程中，IE 工程师发现在预组装车间每个班次需要 1.5 名操作工做这个工作，每天一共 2 个班次的工作，所以共需要 3 个操作工完成每天剪切此种胶带的任务，人工成本花费较大。并且该胶带的需求量大，在预组装和总装车间之间存在大量的库存，先进先出的控制对于物流来说也是难题。于是 IE 工程师开始了第二步的改善，运用 ECRS 分析法，寻找改善方案。

此处简单介绍 ECRS 分析法，它是工业工程学中程序分析的四大原则，用于对生产工序进行优化，以减少不必要的工序，达到更高的生产效率。ECRS 即取消（Eliminate）、合并（Combine）、重排（Rearrange）、简化（Simplify）。

取消：作业要素能完成什么，完成的是否有价值？是否为必要动作或作业？为什么要完成它？该作业取消对其他作业或动作是否有影响？

合并：如果工作或动作不能取消，则考虑能否与其他工作合并，也可考虑将部分动作或工作合并到其他可合并的动作或作业中。

重排：对工作的顺序进行重新排列。

简化：指工作内容和步骤的简化，亦指动作的简化、能量的节省。

在进行 5W2H 分析的基础上，可以寻找工序流程的改善方向，构思新的工作方法，以取代现行的工作方法。运用 ECRS 分析法，可以找到更佳的工序和方法，提高效能。

IE 工程师在对全厂的操作岗位进行工作量研究时发现，总装区域的物料准备员工负荷量仅为 60%，每个班次 4 个人，每天 2 个班次，完全可以将剪切胶带的工作合并进来。IE 工程师重新测算两个区域工作的具体操作时间和订单要求的匹配情况，对总装区域的物料准备员工进行培训，对于总装区域的布局进行重新布置，并且通过较低成本更新了操作方法，提供了固定转轴，节省了员工将顺胶带卷轴的时间，同时为剪切胶带提供了垫板，员工沿着垫板剪切，可以减少长度的误差。以上这些改进使操作工的剪切操作更加高效和高质量，同时节省了预组装车间的 3 名操作工，节省了成本，胶带剪切工作以使用多少剪切多少为原则，大大减少车间之间的库存和运输，并且避免了先进先出的控制难题。

针对以上优化结果，IE 工程师在跟踪和重新测时的过程中，发现操作工操作时是一片一片剪切，效率依然偏低，剪切后的胶带边缘呈现锯齿状。IE 工程师问自己："是否可以继续提高操作效率呢？是否可以继续提高产品质量呢?" IE 工程师联合维修工程师,运用 ECRS 分析法中的重排方法,将铺一片胶带、对准一片胶带位置、剪切一片胶带、取下一片胶带的操作步骤重新排布,改为铺一卷胶带、对准一卷胶带位置、剪切一卷胶带、取下一卷胶带。维修工程师主导设计了一款可以按照重排操作工序提高剪切效率的工艺装置,该改进使剪切胶带的产能从每天 1980 片提高到 38000 片,为工厂的产能提升做出了巨大的贡献,为未来的产能规划提供了充裕的空间。

从以上三步持续改善可以看出,改善没有止境,改善没有职能的限制,改善没有工作性质的限制,所有员工都可以参与到改善中来,所有员工都可以为工厂的持续改善提出建议和方法,并且配合持续改善实施。

案例链接:公司运营中的改善项目

随着客户需求的增加,对于公司的产能、成本等要求随之增加,导致公司的产能即将面临瓶颈,成本也面临增加的风险。于是由 IE 部门主导的跨职能部门的改善活动就开始了。

在改善活动开始前,首先确定关键参与方:改善倡导者——定义和确定改善范围的流程拥有者;利益相关者——对活动结果感兴趣的人;团队成员和资源——流程专家、能够发挥杠杆作用的团队等;精益导师——需要支持的精益专家,确保所有团队成员都接受过改善精益基础培训。本项目从倡导者的期望出发,项目目标为降低成本、缩减库存量、缩短交付周期。范围定义为整个公司。前期准备工作从价值流图的制作开始,详细绘制和整理价值流中的每个细节过程,包括系统数据的收集和实地的数据收集,每周与团队领导、团队成员和精益导师一起回顾进展和方向,收集所有相关工艺数据(周期时间、排队时间、在制品等),充分了解现状,并对浪费进行初步评估。浪费包括库存的呆滞、流程的不顺畅、组织安排的不合理等。

改善活动的整体流程包括从确定目标到准备,再到改善活动的举行,一直到跟踪改善活动结果。提前四周举行启动会议，与改善倡导者确认要解决的问题，确定活动的范围并确定需要收集的数据，确定团队成员，并确保成员熟悉项目目标。提前三周，收集数据，了解改善活动的范围是否需要更改，确保活动组织到位。提前两周，确定将活动计划和日程发送给工作区域。提前一周，进行团队成员的针对性改善培训，主要关注研讨会所需的工具。活动当天，需要组织改善活动的讨论以及根本原因的分析和改善活动的计划制订。活动举行之后，持续跟踪改善活动的进展。

在经过了充分的准备工作之后，改善活动当天，跨职能部门的成员同时参加现场的价值流图绘制，针对流程中的浪费点进行讨论和识别，并针对不同区域的浪费点提出改善的建议。区域负责人和项目策划者给出专业的建议，最终制订出合适可行的改善方案，例如生产车间之间半成品库存的降低、车间内在制品库存的降低、生产环节的改变、原材料库存的降低、人员工作量的重新分配对于人员的节省等。最终在活动当天确定了各个方面的改善方案和具体行动，以及相应的负责人和预计完成时间。

活动结束之后，要制订行动跟踪计划，确保行动按时完成，并评估完成结果。所有行动完成之后，将内容放入公共系统或是最佳实践用于信息分享。最后改善倡导者签字，完成总结报告。

尚海娇

东北大学凝聚态物理硕士。英国 Smallpeice 认证精益六西格玛绿带，欧洲 ESSC-D 认证六西格玛黑带。福田戴姆勒汽车梅赛德斯-奔驰事业部精益经理。曾任职于德科斯米尔（本溪）汽车电气有限公司，担任持续改善高级经理；曾任职于米其林沈阳轮胎有限公司，担任 IE 工程师。具有超过 10 年的世界 500 强汽车企业精益生产改善、培训及管理的经验，改善及辅导项目涉及生产、物流、维修、备品备件、人事等多个方向。

第十七章

精益策略部署

不同的企业隶属不同的行业、处于不同的发展阶段、处于不同的精益管理阶段，应该如何系统性地转型成精益企业呢？这就需要针对企业转型从战略层面开始规划，分解到业务层面、执行层面，最后落实到每个人的工作任务上。在精益管理中，能实现这个目的的工具就是 Hoshin Kanri。

一、什么是 Hoshin Kanri

Hoshin Kanri 是日文。在日文中，Hoshin 原意为闪亮的金属指针，后来引申为方针、政策、计划、目的等；Kanri 有管理和控制的意思。两者组合在一起，有调校罗盘、核准指针的寓意，因此被翻译为方针管理，或是策略部署。因为其和战略相关，所以通常更多时候其被称为策略部署，其英文名称是"Policy Deployment"。

Hoshin Kanri 是把企业的纵向和横向职能与战略目标相结合的一种管理方法，可以确保企业的战略目标能够有效推动到企业内各个层级的计划和行动的方法，从而消除企业自上而下方向不一致和沟通不畅造成的浪费。

Hoshin Kanri 发源于 20 世纪 60 年代。受戴明的 PDCA、彼得·德鲁克的目标管理等的影响，包括丰田汽车公司、日本电装公司、普利司通公司、小松产机公司以及松下电器公司在内的多家日本企业十分推崇质量管理，并对其展开了深入研究和实践。

到了 20 世纪 70 年代，"方针管理"一词已经在日本社会广泛流行，并被当时的学界所注意，因此在理论层面，方针管理有了自己的一席之地。例如，介绍方针管理的著作面世；关于方针管理的研讨会举办；方针管理为日本标准化协会所研究和吸收。

20 世纪 80 年代，方针管理理念离开日本本土，开始传入欧美等国，仅在美国，就有惠普公司、宝洁公司、英特尔公司等大公司相继研究和实践它，并推出了自家版本的方针管理。

二、Hoshin Kanri 与传统的战略展开的异同

1. Hoshin Kanri 与传统的战略展开的不同点

传统的战略展开通常是战略管理只由高层管理者决定，日常管理由中层管理者和基层管理者负责。通常高层管理者决定了战略目标和中层管理者的 KPI，中层管理者决定了基层管理者的 KPI，基层管理者和其他员工不能参与 KPI 的设定。

在精益企业中，情况就完全不同了。之前我们在持续改善章节提到，职能分为三类，创新、改善和维持。在精益企业中，员工和基层管理者都可以参与到改善工作中来。在战略展开的过程中也一样，Hoshin Kanri 允许中层管理者、基层管理者和其他员工参与到策略部署中来，他们可以参与 KPI 讨论，并可以提出自己的建议和要求，这主要是通过 Catchball 的方式来完成。在后面会详细介绍这种方式。

2. Hoshin Kanri 与传统的战略展开的相同点

如图 17-1 所示，Hoshin Kanri 与传统的战略展开类似，都是把战略自上而下分解成各级 KPI，然后自下而上地汇总和评估 KPI 执行的效果。

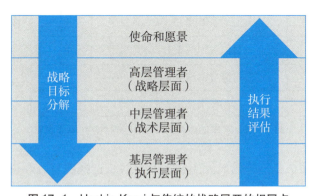

图 17-1 Hoshin Kanri 与传统的战略展开的相同点

三、Hoshin Kanri 矩阵

Hoshin Kanri 通常用于年度计划的设定，这个计划通常包括准确的目的、项目、改进目标、时间、责任以及衡量的方法等。

一个典型的 Hoshin Kanri 应用是在年度计划上，可以按照自然年度进行计划，也可以按照各个企业的财政年度进行计划。

Hoshin Kanri 展开后由多个不同级别又相互关联的 Hoshin Kanri 矩阵组成。Hoshin Kanri 矩阵是一个典型的 X 矩阵，图 17-2 是一个常用的战略层级 Hoshin Kanri 矩阵模板。

X			项目1							
			项目2							
			项目3					X		
目的1	目的2	目的3	2.选择项目　1.目的　3.改进目标　4.目标成本结果（本年度）			改进目标1	改进目标2	改进目标3	精益经理	产品族A团队 产品族B团队 改进团队
			目标成本结果1							
			目标成本结果2							
			目标成本结果3							

图 17-2　常用的战略层级 Hoshin Kanri 矩阵模板

模板的中央是矩阵的四大主题，即目的、选择项目、改进目标和目标成本结果。左边是对应的几个目的，上面是选择要做的项目，右边是改进目标，下面是目标成本结果。最右边是参与改进团队。

这四项中的相邻两项可以通过 X 来代表关联性，例如，左上角的 X 表示哪些项目与哪些目的具有关联性，右上角的 X 代表改进团队需要参与哪些项目。

图 17-3 是一个简单的初步进行精益转型企业的战略层级 Hoshin Kanri 矩阵。

X		X	绘制各产品族的价值流图	X			X	X	X
	X		开展精益管理的基础培训		X			X	X
		X	开展5S活动			X	X		X
梳理产品的价值流	树立精益管理的理念	使工作环境更稳定	2.选择项目　　1.目的　3.改进目标　　4.目标成本结果（本年度）	每月更新产品价值流图	3个月内培训6批次	每月实施4次5S改善	改进团队　　精益经理　产品族A团队　产品族B团队
X	X		减少500万元的原材料库存	X		X	
X	X		减少100万元的在线库存	X		X	
X	X		减少10万元的报废	X		X	

图 17-3　初步进行精益转型企业的战略层级 Hoshin Kanri 矩阵

四、Hoshin Kanri 的开展方式——Catchball

Hoshin Kanri 的开展通常可以分为以下七个步骤。

第一，明确使命和愿景。

任何组织在设立之初就应该有明确的使命和愿景，使命决定了企业为什么存在，愿景决定了企业期望成为的样子。

第二，制订 3~5 年的长期战略计划。

为了完成组织的使命，实现组织的愿景，企业通常需要制定长期战略和短期战略，长期战略通常是 3~5 年甚至更长时间的战略，短期战略通常是一年的战略。Hoshin Kanri 通常面对的就是一年的战略。

第三，制定年度目标。

在一年的战略计划确定后，就要制定下一年度的战略目标。

第四，部署到各部门并制订计划，明确目标和手段。

想要保证年度的战略目标能够被组织各个层级的人员理解，并且良好执行，就需要通过 Hoshin Kanri 进行层层分解，上下同步，达成共识。

第五，执行计划。

各个层级的计划确定好了之后，就需要按照计划执行。

第六，周度、月度、季度审查。

根据计划执行的情况，需要每周、每月和每个季度展开审查。

第七，年度审核。

每年度需要对年度的战略目标进行总结和审核，为下一年度的目标制定提供基础。

Hoshin Kanri 在各层级展开是通过 Catchball 的方式完成的。

"Catchball" 是棒球运动的术语，是接球的意思。高层管理者根据战略目标，把策略层层向下展开并进行部署。但是在目标最终敲定之前，各层级部门利益相关者可以"抓住"某个主题，提出资源需求，或是质疑目标的合理性，然后将其"投掷"回上级管理层，使上级管理层重新审查计划。这种沟通的方式称为 Catchball。这种方式可以使中层、基层都参与到策略部署中来，上下同步，达成一致。

图 17-4 就是一个典型的 Catchball 示意。

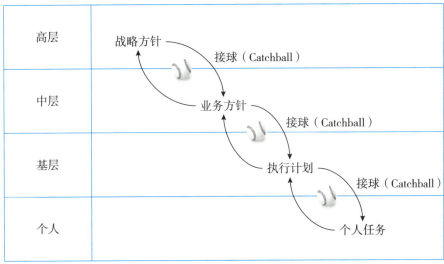

图 17-4 Catchball 示意

何邑雄

2009 年本科毕业于哈尔滨工业大学热能与动力工程专业，2012 年获得巴黎综合理工学院、卡尚高等师范学院、巴黎高科国立高等工艺学院和巴黎第六大学共同颁发的材料工程硕士学位并同时获得巴黎高科国立高等工艺学院工程师学位。

2014 年获得美国项目管理协会 PMP 认证。

2018 年获得国际 TRIZ 协会 3 级专家认证。

2019 年获得 ABB 全球精益六西格玛学院黑带大师认证。

2012 年毕业后一直在世界 500 强外资和合资企业从事技术研发、持续改进和卓越运营等工作。

2020 年 5 月加入安徽中鼎密封件股份有限公司并担任 NVH 模块运营总监，兼任四川望锦机械有限公司技术质量副总经理。

第十八章

精益企业指标
体系和评估

企业指标体系，可以理解为人们常说的 KPI 体系。KPI 是一种度量指标，能够反映某种情况。其应用范围广，大到监控和评估企业运营与管理的状态，小到衡量各个业务流程的情况或是某个活动的效果，为企业决策提供数据支持。

知识链接：企业指标体系历史演变

归纳来说，企业指标体系经历了以下几个阶段的演变。

1. 基于绩效评估的早期评价体系

企业指标体系脱胎于政府指标体系，1813 年，美国政府已经在军队中开始采用绩效评估，1842 年美国政府开始在政府公务员中进行绩效评估。

2. 基于描述性评价的绩效评价

19 世纪末期，随着泰勒提出的"科学管理理论"，指标体系管理有了思想基础，随后，罗伯特·欧文将其引入工业领域。

3. 基于目标管理的新型考核工具

1954 年，管理大师彼得·德鲁克在其著作《管理的实践》中提出了目标管理，并围绕目标管理形成了一个新的目标管理指标体系，这个指标体系一般作为绩效考核工具出现。

4. 基于战略的企业指标体系

20 世纪 90 年代，平衡计分卡由哈佛大学商学院教授罗伯·卡普兰及 RSI 公司总裁戴维·诺顿创建，平衡计分卡主要针对的是企业的绩效评价，在此基础上衍生出了战略地图的概念，此后，慢慢发展成了企业指标体系。

5. 精益企业指标体系

日本企业在借鉴了彼得·德鲁克的目标管理指标体系和美国企业的战

略管理思维后，发展出了自己的策略部署方法，并以此展开，形成了独具特色的精益企业指标体系。

从精益企业运营的角度，一个好的指标，需要具备以下特点。

一是在企业业务层面有价值。

二是可衡量企业精益运营与管理的实际情况。

三是大家都认可。

一、精益企业指标体系构建

精益企业指标体系的建立与其他绩效指标体系类似，指标都可以分为三级。一级指标是战略层面的，二级指标是业务层面的，三级指标是执行层面的（见图 18-1）。

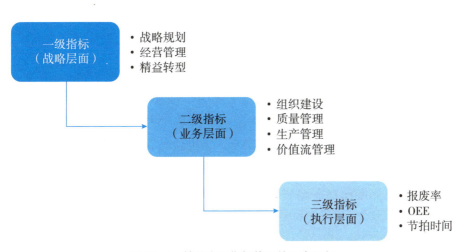

图 18-1　精益企业指标体系的三个层级

在传统企业向精益企业转型的过程中，除了会涉及传统的战略规划、经营管理、组织建设等指标，还会有精益转型的指标。

精益企业指标体系示例如表 18-1 所示。

表 18-1　　　　　　　精益企业指标体系示例

序号	一级指标（战略层面）	二级指标（业务层面）	三级指标（执行层面，具体名称）	管理要素关联度（偏重）				
				质量	成本	交期	士气	安全
1	经营管理	质量管理	磨偏报废率	√				
2			磨偏报废金额	√				
3			研磨车间直通率	√				
4		生产管理	研磨车间日产量			√		
5			研磨车间出勤人数				√	
6			研磨车间 OEE		√			
7	精益转型	价值流管理	现有状态价值流图绘制			√		
8			将来状态价值流图设计			√		
9			价值流改善	√	√	√	√	

二、常用的精益经营指标

在前面的内容中，我们介绍了什么是 Hoshin Kanri。事实上，Hoshin Kanri 最终会分解出多个方面的指标，主要包括 QCDMS 五个方面，QCDMS 是指质量、成本、交期、士气、安全。这也就是我们常说的精益经营指标。精益经营的三级指标如表 18-2 所示。

针对每个指标都需要进行详细说明，下面是一个质量类指标说明案例。

指标名称：磨偏报废率

指标编号：KPI02003

业务领域：经营管理—质量管理

指标分类：三级指标

指标逻辑：通过磨偏报废率考核研磨工序的质量

数据来源：MES（制造执行系统）中研磨工序生产日报

指标公式：日磨偏报废数/日研磨数×100%

表 18-2   精益经营的三级指标

一级指标	二级指标	三级指标
精益经营指标	质量指标	首次通过率、返工率、报废率、报废金额、保修费用占比、劣质质量成本占比、顾客投诉次数
	成本指标	生产效率、销售额、原材料成本、人工成本、运输成本、利润率
	交期指标	交付周期天数、订单录入产出时间、生产周期时间、换模时间、成品配送产出时间、供应商交付周期、处理顾客问题响应速度、按时交货率、生产计划遵从率、承诺交货兑现率、供应商按时交货率
	士气指标	员工流动率、员工满意度、员工奖励指数、全勤率、人均月度改善提案件数、人均新增技能数量
	安全指标	因工重伤率、因工轻伤率、生产安全事故数量、事故造成直接经济损失

更新频率：每天

创建部门：质量部

考核部门：生产部

考核标准：磨偏报废率≤1%

三、常用的精益转型指标

常用的精益转型指标如表 18-3 所示。

四、精益企业成熟度评估

企业在推行精益管理的过程中，需要不断评估精益转型的效果，有多家分公司或是工厂的企业还会进行对比。

精益企业成熟度评分标准示例如表 18-4、表 18-5 所示，精益企业指标体系成熟度等级标准示例如表 18-6 所示。

表 18-3   常用的精益转型指标

一级指标	二级指标	三级指标
精益转型	价值流管理	现有状态价值流图绘制
		将来状态价值流图设计
		节拍管理
		改善计划
	稳定化	5S
		目视化
		标准作业
		TPM 活动
		OEE
		损耗工时
	全员参与	班组管理
		员工技能培养（SDA）
		内部精益师
	持续改善活动	提案改善
		小组改善活动（SGA）
		QC 小组活动
		A3 报告
	自働化	安灯系统
		异常快速处理能力
		防错法
	流动	产能匹配
		物流布局
		连续流
		平准化
		快速换模
		单元生产（多工序）
	拉动	计划模式
		供应商物料保证
		库存设计
		看板设计

表 18-4　　　　精益企业成熟度评分标准示例 1

一级指标	二级指标	三级指标	1分要求	2分要求	3分要求	4分要求	5分要求
精益转型	价值流管理	现有状态价值流图绘制					
		将来状态价值流图设计					
		节拍管理					
		改善计划					
	稳定化	5S					
		目视化					
		标准作业					
		TPM 活动					
		OEE					
		损耗工时					
	全员参与	班组管理					
		员工技能培养（SDA）					
		内部精益师					
	持续改善活动	提案改善					
		小组改善活动（SGA）					
		QC 小组活动					
		A3 报告					
	自働化	安灯系统					
		异常快速处理能力					
		防错法					
	流动	产能匹配					
		物流布局					
		连续流					
		平准化					
		快速换模					
		单元生产（多工序）					
	拉动	计划模式					
		供应商物料保证					
		库存设计					
		看板设计					

表 18-5　　　　　　精益企业成熟度评分标准示例 2

一级指标	二级指标	总分（分）	得分（分）	失分（分）	得分比（%）
精益转型	价值流管理				
	稳定化				
	全员参与				
	持续改善活动				
	自働化				
	流动				
	拉动				

表 18-6　　　　精益企业指标体系成熟度等级标准示例

指标体系成熟度等级	精益常用等级名称	定级分数	备注
贫穷级	不稳定	<60 分	—
基础级	基本稳定	60~69 分	—
有效级	铜奖	70~79 分	精益组织机构完善，能够通过价值流分析发现问题，使 4M1E 稳定
优秀级	银奖	80~89 分	改善效果深入各个跨职能管理系统，质量稳定，实现了流动，精益管理得到长期维持与完善
卓越级	金奖	90~100 分	达到世界级水平，能够实现拉动，运营系统成为精益企业的一部分

李伟

深圳市数本科技开发有限公司精益咨询和数字化转型高级顾问，智能工厂规划小组负责人，欧洲 ESSC-D 协会认证六西格玛黑带，长期致力于精益生产、数字化与智能化在设计制造中的应用等方向的研究和应用推广。

第十九章

精益供应链

一、供应链与供应链管理

1. 供应链的含义

"供应链"一词最早源自彼得·德鲁克的经济链,后来发展为迈克尔·波特的价值链,最终演变为供应链。

供应链指的是在生产或流通领域里,将产品或服务提供给终端用户的过程中,涉及的上游与下游企业构成的网链结构。供应链由产品流、资金流和信息流三方面构成。供应链的管理包含了采购管理、运营管理和物流管理,涵盖了企业管理中的供、产、销三大块内容。

一般来说,一条完整的供应链应包括原材料或零配件的供应商、提供加工或装配服务的制造商(也称生产商)、能够代理或提供批发服务的分销商、直接卖货给消费者的零售商以及消费者(终端客户)。

2. 供应链管理含义

关于什么是供应链管理,不同学者有着不同的解释和说明。例如,IBM 公司认为它是借助信息技术和电子商务,将与供应链相关的商业伙伴和业务流程相互集成,从而进行有效管理,使用户满意度提高的同时成本降低、效应提高。

有人认为供应链管理是使供应链最优化,用最低的成本满足最终客户的过程。这些过程包括把合适的产品以合理的价格,及时、准确送到消费者手上,使工作流、实物流、资金流和信息流等均能高效率操作。

2021 年发布的中华人民共和国国家标准《物流术语》(GB/T 18354—2021)则是这样解释供应链管理的:从供应链整体目标出发,对供应链中采购、生产、销售各环节的商流、物流、信息流及资金流进行统一计划、组织、协调、控制的活动和过程。

事实上，供应链管理是一种集成的管理思想和方法，它执行供应链从计划到控制的所有职能。

二、牛鞭效应

牛鞭效应是一个经济学术语，英文名称是"Bullwhip effect"，指的是供应链上的一种需求变异放大的现象，信息流从客户终端向供应商端传递时，大家很难有效共享信息，信息会逐级扭曲放大，最终使得需求信息的波动越来越大，这种信息的扭曲放大过程在图形上看起来很像一根甩起的牛鞭（见图19-1），因此被称为"牛鞭效应"。

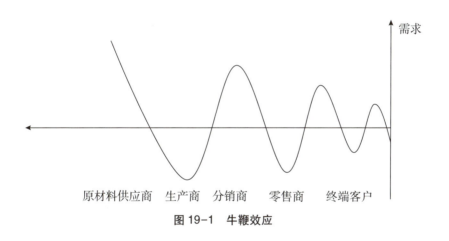

图 19-1 牛鞭效应

知识链接：牛鞭效应的由来

一位在宝洁公司工作的人员在统计尿不湿的市场需求时发现了一个有趣的现象。某个产品每月的零售额其实是很稳定的，很少出现波动。当她查看下游的分销中心出具的订货单时，却发现这个产品的波动性明显变大了。这是怎么回事呢？分销中心的负责人回应称，分销中心是依据下游零售商汇总的订货需求向她提需求的。她依据分销中心负责人提供的信息，进一步向下挖掘，发现零售商在向分销商订货的时候往往会依据历史数据和现实情况预估一个订货量。一般来说，这个数量是较为客观的。然而，为了保证这次订货及时可得，并且能够适应顾客需求突然增加等变化，零售商通常会在预估数的基础上放大一些给分销商，而分销商则会基于同样的考虑将数量放大给生产商……"层层加码"后，虽然消费者的需求量并没有大的波动，但订货量放大了。当她向宝洁公司的供应商咨询订货情况时，她发现订货量的变化更大，而且越往供应链上游走，其订货偏差越大。人们把这种营销活动中的需求变异放大的现象通俗地称为牛鞭效应。

牛鞭效应形成的原因可以归纳为以下几个方面。

第一，需求预测修正。

处于供应链中的企业出于各种不同的目的，如安排生产进度、计划产量、订购物料、控制库存等，通常都会预测产品需求。而这些企业在预测需求时，通常将下游企业的需求作为依据。因此，上游企业会将下游企业的需求信息作为一个重要的产品需求信号进行处理，通常情况下会根据下游企业的需求调整需求预测数，同时向供应商增加订货量，而这一需求预测的依据正是牛鞭效应出现的主要原因之一。

第二，订货批量决策。

在供应链中，上游的企业为了能够及时、快速响应下游企业的订购需求，一般会设置一个安全库存，这个安全库存也是导致牛鞭效应的重要因素。例如，开学季是教辅图书的销售旺季，书店为了能够快速满足学生的购书需求，往往会多备一些货。而上游的经销商出于同样的理由，会报更大的一个数，"层层加码"后，出版社就会印刷过量的图书，大量的安全库存产生了牛鞭效应。

第三，价格波动。

价格的波动会影响消费者的购买数量，还会使消费者购买行为提前或者推迟。因此，当价格发生波动时，我们并不一定能从之前的消费者购买经验中推断出货物的真实需求。这时，消费者购买数量与实际消耗量相比波动更大，也会产生牛鞭效应。

第四，短缺博弈。

市场上会出现这样一种有趣的博弈现象：当产品供不应求时，售货商会根据客户上报的订货数量按照一定的比例实行限量供应。为了获得足够的货物，客户在上报订货数量时，通常会夸大需求；而当供不应求的情况得到缓解时，产品的订货量不增反减，同时，许多的客户出于不同的目的会取消订单。产生这种现象的原因是客户对限量供应的短缺博弈，这种现象产生的需求信息失真，也会导致牛鞭效应。

第五，库存责任失衡。

在先行的供应链上，通常存在这样的做法，即供应商先为销售商发货，待销售商完成销售后再按实际销售量进行结算，这样一来，销售商没有了库存的压力，自然会倾向于加大订货量。这样的做法也会导致牛鞭效应。

第六，应对环境变化。

自然环境、政策环境、社会环境等的变化会增加市场的不确定性。例如，当冬天提前来临时，羽绒服的销量会增加。这时，为了应对这些不确定性，销售商便会保持一定量的安全库存。当这种不确定性成为一种共识时，所有的销售商都会同时增加订货量，将这种不确定的风险转移给供货商，这同样会导致牛鞭效应。

三、Muda、Muri 和 Mura

在之前的章节，我们非常详细地讨论了七大浪费，介绍的工具也主要用于在企业内部消除七大浪费。这七大浪费都属于 Muda（浪费）。如果把范围扩大到整个供应链，除了 Muda，还有 Muri（过载、不合理）和 Mura（波动、不均衡）。三者的定义和示例如表 19-1 所示。

如图 19-2 所示，需求端发生波动，就会导致 Mura，Mura 或导致 Muri，Muri 或导致 Muda，Muda 又会加剧 Mura，依次循环。因此，要想最大限度地减少 Muda，就需要在整个供应链上推行精益管理。

表 19-1　　　　　　　Muda、Muri 和 Mura 的定义和示例

名称	定义	示例
Muda	不能给客户创造价值的行为	·设备因故障而停机等待 ·过多的在线库存
Muri	人员和设备超过其能力的使用	订单突然增加导致设备连轴转而没有保养时间
Mura	需求的速度变异和产能的变异	不均衡的需求计划/订单

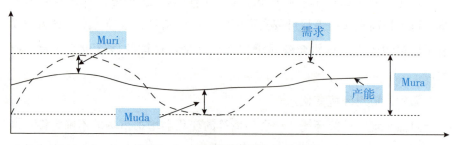

图 19-2　需求端波动时三者的表现

如图 19-2 所示，中间的实线是产能曲线，虚线是需求曲线，需求与产能都存在一定范围的波动，称为 Mura。当产能低于需求时，造成 Muri。当产能高于需求时，造成 Muda。

四、精益供应链

1. 什么是精益供应链

精益供应链，顾名思义，是在整个供应链上做到以最低的成本按照客户需要的质量、数量和时间提供产品给客户，强调消除浪费，减少供应链波动的影响，以最少的投入创造最多的产出。

精益供应链来源于精益管理，同样起源于日本丰田汽车公司，其英文名称为"Lean Supply Chains"，指的是将产品从设计到售卖至消费者这个过程中所需的步骤与合作伙伴整合起来，以快速响应消费者多变需求的过

程。精益供应链的核心是减少、消除浪费，用最少的资源最大化满足客户需求。精益供应链由于在减少浪费、降低成本、缩短操作周期、增强企业的竞争优势等方面表现优异，成了许多企业管理的一种有效工具。

2. 精益供应链的特征

总体来说，精益供应链呈现以下几个方面的特征。

第一，结构简洁。

结构简洁是精益供应链的重要特征，也是企业在建构精益供应链时的主要原则。结构简洁的供应链能够减少不确定性，使生产过程更加透明；最大限度减少非创造价值的活动；缩短订单处理和生产的周期；等等。

第二，以订单为驱动。

精益供应链的模式是面向特定对象的，以订单为驱动的模式。在这种驱动模式下，能够实现拉动。

第三，非线性系统集成模式。

集成是实现工程再造的重要方法和手段。一般来说，传统企业集成模式以简单的线性系统集成模式为主，然而精益供应链是非线性系统集成模式，这是一种松散的耦合集成，即凝聚与扩散有机结合。在这种集成模式中，有不同形式的企业组织的联合式的集成；也有企业间的技术交流与扩散融合形式的集成；还有不同学科间的交叉形式的集成。这种非线性系统集成模式能够实现" 1+1>2"的效果。

第四，生产模式为"独立制造岛"。

信息技术的高速发展使企业的组织形式发生了巨大的变化，各个企业如同一个个细胞存在于商业模式这个有机体中。而这种组织形式的转变也使企业的生产模式发生了转变，企业可以更加专注于自我组织优化，形成"独立制造岛"的生产模式。因此，在未来的精益供应链中，每个企业都可以专注于研发最拿手的技术和产品。

第五，物流系统采购与供销一体化。

精益供应链中需要与精细生产相匹配的采购与供销一体化物流系统。这样，整个供应链才能有效地执行精细运作。

第六，电子业务模式基于互联网。

互联网的高速发展在很大程度上改变了企业的沟通和交易模式。尤其是互联网技术和电商数据交换管理系统日渐成熟，使得供应链中的企业往来更加便捷，大大降低了成本。在精益供应链中，基于互联网技术和电商数据交换管理系统的电子商务是其发展的重要依托。

第七，组织形式动态联盟。

精益供应链的组织形式以动态联盟为主。什么是动态联盟？动态联盟是建立在"强强"联合思想之上的，是使一家企业从单一的公司变成"联邦"公司中的一部分，让企业最大化实现自身权能的一种组织形式。它能够使企业的成本更低、效率更高。

第八，企业信息系统高度透明。

精益供应链采用的是集成化的供应链模式，这就对企业的信息系统提出了要求。在集成化的供应链模式中，企业之间要有较高的信息透明度，以保证各企业之间能保持良好的沟通和联系，从而使得供应链同步化与并行化。因此，精益供应链必须建立高度透明的企业信息系统，以保证企业间信息高效共享。

五、"乌卡"时代下的精益供应链

1. 什么是"乌卡"时代

"乌卡"（VUCA）时代指的是呈现出波动性（Volatility）、不确定性（Uncertainty）、复杂性（Complexity）、模糊性（Ambiguity）的时代。其还表现出跳跃性、震荡性、破坏性等特征。如果企业不能及时调整战略和方向，还是按照过往的思维发展，很可能错失机会，陷入经营困境。

2. "乌卡"时代供应链管理的举措

"乌卡"时代，不确定性增加，精益供应链管理面临着极大的挑战，对于管理者来说，能做的只有接受环境的变化，直面挑战。

第一，需求侧要平衡理性与非理性。

对于需求侧来说，要做到的是对需求的感知更加敏感。因此，可以从以下两方面进行着力。

其一，扩大需求感知范围。这就是要求企业做到"看得见，看得远"，能够沿着相应的价值链条扩大自己的感知范围，通过将感知触角伸至终端消费者处，及时预测和感知下游的补货信号。

其二，去除噪声，了解真正的需求。当信息时代和乌卡时代相撞，混乱、嘈杂的信息为原本不确定的环境增加了识别上的难度。可以这样说，供应链的管理复杂度增加了。因此，管理者一定要有足够的定力和理性去除噪声，了解和尊重非理性的同时，平衡理性和非理性，了解终端客户的真正需求。

第二，供应侧要端到端集成与协同。

对于供应侧来说，企业要做到的比需求侧的举措更加实际和有效，这样才能在"乌卡"时代中生存下来。一般来说，可以从以下两个方面进行考虑。

其一，增加企业柔性，灵活处理威胁和风险。对于"乌卡"时代中的波动性、不确定性、复杂性、模糊性，企业要从客户的实际需求出发，更加快速和准确响应客户的需求。当威胁和风险出现的时候，能够优化组织结构，增加自身的柔性，更加灵活地进行处理。

其二，企业间增强沟通，协同合作。在信息不对称的"乌卡"时代，要想做出最优选择，每个企业都需要面对"囚徒困境"，这种博弈到最终不会产生真正意义上的赢家。要想破局，就必须建立合作机制，端到端之间进行集成与协同。企业之间要找到或构建合适的端到端、协同式响应流程，提升整体供应链的韧性。

贺洪武

六西格玛黑带大师和精益专家。2004 年毕业于电子科技大学电子科学与技术（微电子）专业并获得厦门大学 MBA 学位。曾先后供职于多家世界 500 强外资企业，目前就职于一家外资企业，历任质量经理、运营经理及全球产品线经理。

第二十章

精益管理与智能制造

一、什么是智能制造

近年来，"智能制造"成了制造业较火的话题之一。其源于德国的工业 4.0、美国的工业互联网，以及中国发布的《中国制造 2025》。那么，到底什么是智能制造呢？

知识链接：智造热点

1988 年，赖特和博恩联合出版了《制造智能》一书，提出智能制造是指通过集成知识工程、制造软件系统、机器人视觉和机器人控制来对制造技工们的技能与专家知识进行建模，以使智能机器能够在没有人工干预的情况下进行小批量生产。

20 世纪 90 年代，日本联合欧洲国家、美国提出智能制造系统是一种在整个制造过程中贯彻智能活动，并将这种智能活动与智能机器有机融合，将整个制造过程从订货、产品设计、生产到销售等各个环节以柔性方式集合起来能发挥最大生产力的先进生产系统。

德国工业 4.0 提出智能制造是将物联网技术与服务联网技术广泛应用于制造业形成的以 CPS（信息物理系统）为核心的新型智能系统。此后，又修正为"贯彻产品全生命周期的全价值链在组织管理方式上的一次巨大飞跃现象，是建立在实时获得全价值链网络的相关信息以及随时进行价值链优化的能力的基础上，通过将人、物和系统网络连接，使企业内部及企业之间形成动态的、自组织的和可实时优化的价值网络"。①

---

① 中国电子信息产业发展研究院. 智造热点：一本书图解全球制造业大趋势 [M]. 北京：人民邮电出版社，2016.

　　随着智能制造概念的流行，世界上主要的经济体也提出了自己的智能制造相关战略，主要代表如下。

　　德国：2010 年《德国 2020 高技术战略》发布，提出了工业 4.0。

　　美国：2012 年发布《先进制造业国家战略计划》。

　　日本：2013 年 6 月公布了《日本再兴战略》。

　　法国：2013 年 9 月提出了"新工业法国"战略。

　　英国：2013 年发布了《制造业的未来：英国面临的机遇与挑战》和《英国 2050 战略》。

　　中国：2015 年 5 月正式发布《中国制造 2025》。

二、工业 4.0 简介

1. 工业发展的四个不同阶段

　　工业 4.0，英文全称是"Industry 4.0"，这个概念最早在德国出现，是基于工业发展的不同阶段作出的四阶段划分（见图 20-1）。

图 20-1　工业发展的四个阶段

其中，工业 1.0 指的是蒸汽机时代，又被称为第一次工业革命，是由蒸汽驱动的。主要时间是 18 世纪 60 年代至 19 世纪中叶，当时通过水力和蒸汽机实现了工厂机械化。

工业 2.0 指的是电气化时代，又被称为第二次工业革命。时间大概是 19 世纪下半叶至 20 世纪初，当时电气化和自动化得到了普及，批量流水线生产成为可能。可以说，工业 2.0 是在劳动分工基础上采用电力驱动产品的大规模生产。

工业 3.0 指的是信息化时代，又被称为第三次工业革命。这个时代始于电子信息技术的普及、电子信息技术的驱动，制造过程中的自动化控制程度进一步提高，从 20 世纪四五十年代一直延续至现在。

工业 4.0 指的是智能化时代，是以智能制造为主导的第四次工业革命，通过信息通信技术和网络空间虚拟系统、信息物理系统相结合的手段，将智能化应用于制造业，推动工业向智能化转型的时代。

2. 工业 4.0 的核心

如图 20-2 所示，工业 4.0 的核心可以概括为一个网络、三项集成和九大技术支柱。

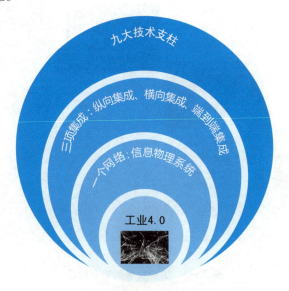

图 20-2　工业 4.0 的核心

（1）一个网络：信息物理系统

一个网络是指信息物理系统，作为计算进程和物理进程的统一体，其是集计算、通信与控制于一体的下一代智能系统。信息物理系统通过人机交互接口实现和物理进程交互，使用网络化空间以远程、可靠、实时、安全、协作的方式操控一个物理实体。

（2）三项集成：纵向集成、横向集成、端到端集成

纵向集成的全称为"纵向集成和网络化制造系统"，指的是企业内部可以重新组合的较为灵活的集成。其实质是将企业内执行器与传感器，以及控制、生产管理等各种不同层面的 IT 系统与生产设施等全面集成在一起。其目的是建立一个高度集成化的系统，为智能制造提供支撑。

横向集成是企业之间价值链的集成，指的是将各种使用不同制造阶段和商业计划的 IT 系统集成在一起，其中既包括一个企业内部的材料、能源和信息的配置，也包括不同企业间的配置（价值网络）。

端到端集成是全社会价值链的端到端工程数字化集成，指的是通过产品全生命周期（价值链）和为客户需求而协作的不同企业，使现实世界与数字世界完成整合。

（3）九大技术支柱

工业 4.0 九大技术支柱包括工业物联网、云计算、工业大数据、工业机器人、3D 打印、工业网络安全、知识工作自动化、虚拟现实和人工智能（见图 20-3）。

三、智能制造和精益管理的关系

虽然智能制造非常流行，但是不是所有的企业都适合直接开展工业 4.0 呢？

结合我国企业的现状，有专家指出，最适合我国国情的策略是工业 2.0 补课、工业 3.0 普及、工业 4.0 示范并行的策略。

精益管理是在大批量生产模式的基础上发展起来的。从工业阶段的角度区分，精益管理的思想与工业 4.0 的思想高度一致，也是强调从客户价

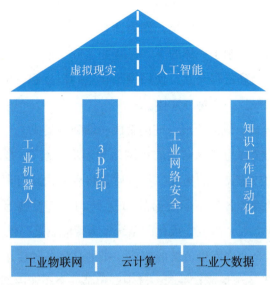

图20-3　九大技术支柱

值出发，在整个产业链上进行整合协作，在快速满足客户要求的同时最大限度降低成本。

精益管理的技术体系是在工业2.0的基础上发展起来的，如果企业能在还处在工业2.0阶段时就积极推行精益管理，则工业3.0和工业4.0的开展将会更加顺畅。

李伟

深圳市数本科技开发有限公司精益咨询和数字化转型高级顾问，智能工厂规划小组负责人，欧洲ESSC-D协会认证六西格玛黑带，长期致力于精益生产、数字化与智能化在设计制造中的应用等方向的研究和应用推广。

第二十一章

精益管理在汽车行业的应用

精益管理是企业管理的一种理念和模式。现代企业要想实施精益管理，就必须充分理解精益管理的思想和原则，并结合企业自身特点，灵活运用精益工具。如果企业的 4M1E 还不稳定，就要先让 4M1E 稳定下来，再提高质量和准时生产，不要一开展精益管理就是看板、拉动这种相对高级的方式。

一、汽车行业的特征

众所周知，精益生产起源丰田汽车公司，最早在汽车行业应用和推广，所以汽车行业是精益管理应用极深入和广泛的行业。

汽车行业是很多国家的支柱行业。每台汽车少则几千个零件，多则上万个零件，且安全性要求非常高。汽车行业是一个技术密集型和资本密集型行业。

汽车行业产业链主要呈现出以下几个特征。

1. 汽车行业的产业链非常长

产业链特别长是汽车行业极为显著的一个特征，从已知的产业链看，汽车产业链是最长的单一品类，其链条包括"材料—零部件—技术装备—物流—投资—研发—生产—销售—售后配件—汽车 IT 系统—客户服务—燃油—后市场配件—后市场—二手车—汽车租赁—保险—拆解再制造—汽车金融—咨询—汽车互联网平台—汽车旅游—汽车文化—车联网"。这个链条中的每个环节都创造了大量的就业岗位，资金也随着链条的一环流向另一环。产业链条长，涉及的环节多，因此，每个环节的生产效率对整个产业链的影响都非常大。

汽车行业的产业链是一整套完整而精密的系统，缺少任何一个环节都会导致产业链无法正常运转。汽车的生产工厂也是组装厂，包括冲压、焊接、涂装、总装四大车间。每一辆车的生产都需要 1000 多个总成零部件，这些零部件来自 200 多个一级供应商，任何一家供应商供货不及时，都会导致零部件无法齐套，从而无法组装一辆完整的汽车。此外，这些一级供应商下还有二级、三级供应商，1000 多个总成零部件可以拆分成 10000 多个零件。这 10000 多个零件，就是由分布在各个地区的各个供应商生产完成的。因此，一家车企直接对接的零件企业就会超过 200 家，而间接对应的企业更是数不胜数。任何一个供应商生产出现问题导致某一个零件缺货，都会对下游的产业链产生巨大的影响，形成蝴蝶效应。

2. 汽车行业产业链涉及的行业非常多

汽车行业产业链长决定了它涉及的行业也会非常多。汽车行业涉及的行业主要分为三类：一是上游的原材料供应商所在行业，二是中游的汽车制造商所在行业，三是下游服务贸易商所在行业。这些行业的主要特征是都以汽车制造业为核心，向上可以延伸至与汽车零部件制造相关的基础工业，向下可以延伸至与销售、贸易、维修、金融等相关的服务行业。

汽车的生产占用了相当多的资源，涉及钢铁、塑料、陶瓷等原材料资源，以及电子、电器等各类产业。数据显示，全世界约 15% 的钢材、约 25% 的铝、约 50% 的橡胶、约 10% 的塑料、约 35% 的石油都用于汽车行业。汽车行业的下游服务贸易领域市场范围更加广泛，代理经销商、一级交易市场、二级交易市场、汽车销售、汽车维修服务、金融等都与之息息相关。

3. 分工明确、核心技术分散

分工明确、核心技术分散是汽车行业的一大特征。分工明确不必多说，汽车产业链上的各类商家就是为汽车的不同阶段提供服务的。从零部件的生产到整车销售，再到售后服务，各项工作都有专门对接的企业，分工非常明确。

汽车是现代工业的优秀代表，是现代工业的一颗璀璨明珠，汽车使用的每一个零部件都不是一个小作坊可以随意生产的，需要有丰富的经验和极高的技术。零部件中小到螺丝钉，大到发动机，每一个零件、机构、总成、系统都有独到的核心技术。事实上，世界上绝大多数的车企是无法独立完成所有零部件的生产的，这些零部件都由几家核心供应商提供，这就意味着汽车产业的核心技术是相对独立且分散的。

4. 全球化协作

汽车产业链中的所有活动不止涉及多个企业、多个行业，还涉及多个国家。尤其在当今全球化协作的时代，汽车产业链中的活动很难在一个国家全部实现，需要整合全球资源，在全球范围内追求最佳配置效果。汽车产业链利用全球化协作的模式，实现投资、开发、生产、采购和销售优化，从而提高自身的竞争实力和竞争优势。例如，许多汽车企业在本国设立开发、研究和设计机构，而在劳动力密集的国家设置装配工厂，实现产品大量复制，从而获取更多的利润。

二、汽车行业国外企业推行精益管理的概况

1. 精益管理在日本汽车行业的推行

精益管理最早源于 20 世纪 50 年代日本的丰田汽车公司，当时丰田汽车公司为了在美国通用、福特和克莱斯勒等汽车公司"一统天下"的局面中赢得生存，提出了精益生产的概念，建立了以科学和精益求精的态度管控生产过程的方式，以最小的投入获得最大的价值。此后，这种管理思想被广泛用于日本的汽车厂商。

日本的汽车产业在第二次世界大战后开始崛起，产生了以丰田、日产、东洋工业、三菱和本田等为代表的一批车企。其中，丰田以超前的精益管理思路将其他车企甩在了后面。之后，其他车企开始学习丰田的管理模式。20 世纪 70 年代开始，精益管理在日本的车企中得到了大量推广。这种管理理念的推广也使得日本汽车的产量迎来了井喷。到了 20 世纪 80 年代，日本的汽车产量超过了美国，成了世界第一。随着时间的推移和大众认识的加深，这种精益管理的理念逐渐从汽车制造本身被推广到汽车产业全链条，在整个汽车行业得到推广和应用。

2. 精益管理在美国汽车行业的推行

精益管理在美国汽车行业的推广主要是由于市场的驱动。20 世纪 80 年代，饱受日本冲击的美国汽车三巨头决定与麻省理工学院的教授们一起，研究日本企业为什么能在汽车制造领域取得领先。

美国麻省理工学院于 20 世纪 80 年代启动了国际汽车项目（International Motor Vehicle Program，IMVP），用于研究各个国家和其主要汽车制造商的生产方式在质量成本交期等方面的差异。这个项目组织了 17 个国家的专家、学者，花费约 5 年时间，耗资 500 万美元，针对全球汽车行业趋势进行研究，并基于研究的成果，于 1990 年出版了《改变世界的机器》（*The Machine That Changed the World*），对全球的生产方式转变产生了巨大的影响。

经过对比发现，项目组基于日本丰田汽车的准时化生产与大批量生产相比需要的所有投入都更"精"：工厂人员只需要一半；生产空间只需要一半；工具设备投资只需要一半；开发新产品的设计工时和设计周期只有一半；现场所需保留的库存远远少于一半。

在美国，有人发现精益管理的导入和传播遵循着这样的规律，即从大企业流向中小企业、从大批量行业流向小批量行业、从制造业流向服务业。

3. 精益管理在欧洲汽车行业的推行

20 世纪 90 年代初，由于受欧洲市场配额限制，日本汽车并没有大量进入欧洲市场。在这样的背景下，欧洲车企依然在采用美国的大规模生产方式，而美国人则将在北美的 10 年艰苦奋斗中学到的东西运用于欧洲工厂。

最先意识到现有模式不可行、危机马上来临的是时任保时捷董事长的魏德卿（Wendelin Wiedeking），当时保时捷的销售额出现大面积下滑，仅在 1991—1992 年就出现了 4000 万美元的亏损。

面对保时捷的危机，魏德卿四次前往丰田汽车公司考察，在此过程中，他深刻而强烈地意识到保时捷公司重技术和设备、轻思想的片面性，当即做出了调整公司管理思路的决策。随后，他请来了大野耐一的得意门生对公司的管理模式进行指导和改善，从而逐步建立起自己的精益管理体系。

德国大众的接受模式则要缓和很多，20 世纪 90 年代，在系统学习了精益管理思想以后，结合自身的特点，开发了一套适合自己企业文化的管理体系，并最先在奥迪公司进行试点，经过总结，提取了一套适合大众集团的工作体系——大众生产系统。2005 年，大众集团又在这套生产系统的基础上进一步深化，开发了 KVP-Kaskade 体系推进方式，其寓意为持续不断、气势磅礴、全员参与的改进。

三、汽车零部件公司精益生产改善方案示例

近年来，随着国际能源价格走高，原材料价格也持续上涨，劳动力成本不断上升，这导致运营成本上升，同时由于竞争激烈，需要降低产品价格，这导致企业利润率降低。某人员规模 200 人左右，以机加工产品为主的汽车零部件公司为了提高利润率，同时提高职工的收入和福利水平，留住员工，决定推行精益管理。

在某专业机构的协助下，公司管理层发现以下问题：现场管理松散，各种工具、原材料随意丢放；基本没有现场标识，只有少量象征性的线条；设备管理粗放，故障频繁发生导致停机，很少关心设备利用率；生产布局不合理，没有流动的概念；现场、库房存在大量库存积压。

1. 价值流分析

借助价值流分析，将公司主要产品族从原材料进厂到产品发货给客户的全过程进行现状分析，发现了大量问题。考虑到公司的基础太差，决定先不考虑将来状态价值流图的规划设计，在 6 个月内推行精益管理活动。先通过以下几项活动打好基础，让 4M1E 稳定下来。一是推行 5S 管理；二是推行目视化管理；三是推行 TPM。

2. 推行 5S 管理

5S 管理是精益生产方式的基础，为了加强生产现场清洁、清理等管

理，使生产现场更加整洁、秩序井然，该公司推行了 5S 管理，在工具存放处进行了定置定位管理。该公司制订了 6 个月的推行计划，具体如表 21-1 所示。表 21-1 中的深色块代表有对应的模块内容。

表 21-1　　　　　　　　　　该公司 6 个月的推行计划

推行项目	改善目标	主要实施内容		辅导进度（6 期）					
		模块	内容	6 月	7 月	8 月	9 月	10 月	11 月
卓越现场 5S 管理	1. 第 1 个月 4 个样板区获得总经理验收； 2. 可视化标准制定 30 项以上； 3. 查找问题点 100 个，改善率 90%	1	一周一标杆	■					
		2	现场水平展开		■	■			
		3	制定 5S 可视化管理标准		■	■	■		
		4	红牌作战活动开展			■	■		
		5	制定岗位维持管理基准			■	■	■	
		6	5S 活动竞赛			■	■	■	■

为提高整个公司的 5S 素养，公司还在内部的分层审核系统中增加了 5S 检查内容，这样一来，公司一线生产员工每天都会了解并关注 5S 的审核结果。同时，公司对 5S 评审结果定期进行评审，并开展 5S 活动竞赛，以巩固 5S 管理成果。

3. 推行目视化管理

为了更方便掌握生产情况，该公司进行了目视化管理。

首先，按照目视化管理标准将区域分类。

其次，采购相应的目视化管理物品，对公司内部各个区域，包括磨床车间、CNC 车间、车床车间、仓库、办公室、实验室等进行画线和标识张贴。

最后，通过相应的培训，使车间的现场管理人员和公司管理层了解目视化管理的规则，清楚自己的职责和工作目标，为以后的目视化管理打下基础。

4. 推行 TPM

考虑到机加工行业对设备的依赖程度高，但是现状是设备故障率高、没有专门的设备保全人员、只有一位维修工，该公司决定推行 TPM，其目的是建立一个全员参与体系，使生产系统的总体效率最大化。

该公司进行了全面生产维护，采取了以下措施。

（1）成立推进组织，明确职责

在公司层面成立推进小组，由生产部部长担任 TPM 负责人，明确职责，形成强有力的推进组织；设立专门的设备保全人员，专职维护设备，不仅仅是在设备故障后进行维修。

（2）培训与氛围形成

开展全员参与的 TPM 理论知识培训，普及基本理念、方法，宣传 TPM 成效；建立激励机制，明确相应的激励政策，激发全员参与的积极性。

（3）制订 6 个月的总体推进计划与内容

总体推进计划与内容为：开展自主保全、专业保全；开展个别改善如降低设备故障、备件管理等；推进全员参与的改善提案活动。

（4）开展自主保全、专业保全

制定每台设备的保全清单，自主保全由现场的操作者来完成，专业保全由设备专职维护人员进行。

（5）开展个别改善（设备故障降低、备件管理等）

对设备故障率较高的设备进行针对性改善，降低设备故障率；对易损易耗物件做好备件管理，避免设备故障停机时间过长影响生产。

（6）推进全员参与的改善提案活动

推行生产部门全部人员参与设备保全，开展合理化建议改善提案活动，对提出改善建议的人员进行奖励，同时鼓励人员互相交流经验，提升全员的维护技能和水平。

经过 6 个月，生产现场得到了极大改善，工作更有条理、标识更清晰、设备故障率大为降低，库存大大减少。

尚海娇

东北大学凝聚态物理硕士。英国 Smallpeice 认证精益六西格玛绿带，欧洲 ESSC-D 认证六西格玛黑带。福田戴姆勒汽车梅赛德斯-奔驰事业部精益经理。曾任职于德科斯米尔（本溪）汽车电气有限公司，担任持续改善高级经理；曾任职于米其林沈阳轮胎有限公司，担任 IE 工程师。具有超过 10 年的世界 500 强汽车企业精益生产改善、培训及管理的经验，改善及辅导项目涉及生产、物流、维修、备品备件、人事等多个方向。

第二十二章

精益管理在金融
服务业的应用

　　众所周知，精益生产起源制造业，并在制造业获得了广泛应用和巨大的实际效益。随着制造企业将精益管理推广到供应链的下游，制造业的服务端也开始大量采用精益管理的工具来提升客户服务质量、提高效率和降低成本。渐渐地，其他服务性行业也开始逐步采用精益管理的方法来提升核心竞争力，其中极具代表性的服务行业就是金融服务业。

　　精益管理不仅仅在制造业有着广泛的应用，在服务业同样可以大放光彩。在过去的几十年中，众多世界知名的金融和投资机构都通过精益管理来改善流程，提高客户满意度，也获得了显著的财务收益。

一、金融服务业特点

　　目前，国内外对金融的解释很多，比较有代表性的是英国《新帕尔格雷夫经济学大辞典》的"金融的中心点是资本市场的运营、资本资产的供给和定价，其方法论是使用相近的替代物给金融契约和工具定价"。

　　关于金融服务，美国的《金融服务现代化法》将其范围规定为银行、证券公司、保险公司、储蓄协会、住宅贷款协会，以及经纪人等中介服务等。联合国统计署则认为"金融及相关服务"有金融中介服务，包括中央银行的服务、存贷业务和银行中介业务的服务；投资银行服务；非强制性的保险和养老基金服务、再保险服务；房地产、租借、租赁等服务；为以上各项服务的种种金融中介服务。

　　总体来看，金融服务主要包括信贷服务、证券服务、交易服务、保险服务、资产管理服务、信息和咨询服务等。

　　其中，信贷服务是最传统和最主要的金融服务形式，是大多数金融企业的主要盈利来源；证券服务一般包括一级市场的发行服务和二级市场的交易业务等；交易服务一般会随着经济发展而快速发展；保险服务是一种为保障客户的经济利益而提供的服务，能够转移或分散客户的金融风险；资产管理服务能够为客户获取或购买资产提供安全保障；信息和咨询服务一般分为金融信息、价值评估和投资建议三个层级，这类服务收费与否与金融机构自身的情况有关，多数金融机构会将其与其他服务一起打包出售。

金融服务业的主要特点表现为以下几个方面。

第一，实物资本投入少，因此无法编制准确的价格指数和数量指数，同时很难确定和衡量金融服务业的产出。

第二，金融服务业的功能越来越多，传统金融服务业主要充当融资中介的角色，而现代金融服务业则涉及信息的产生、传递和使用等方方面面的内容。随着经济活动日益"金融化"，金融服务业与人们的日常生活关联度越来越高。

第三，金融服务业在不断重塑中，金融服务业在国内外激烈的竞争中经历着巨大的变化，并且这种变化将继续下去。

第四，随着社会经济发展和客户需求的日益多元化和个性化，金融服务业正从标准的劳动密集型产业向知识密集型产业和人力资本密集型产业转变。

二、金融服务业的国外企业推行精益管理的概况

20 世纪 80 年代，摩托罗拉发明了六西格玛方法论（简称六西格玛），其在通用电气成功实施后在制造业得到了广泛推广。随着制造业应用六西格玛取得显著的效益，工业企业的服务部门也开始推行六西格玛，比如，通用电气的金融部门开始利用六西格玛来提升服务质量、降低运营成本。1995 年之后，大量的服务业企业开始推行六西格玛，包括众多的国际知名银行。

随着美国麻省理工学院的国际汽车项目的研究成果出现，精益思想开始在美国生根发芽，其在制造业得到广泛应用，金融行业的众多企业通过精益管理加上六西格玛的方式来提高效率、降低成本。例如，JP 摩根、美

国运通、美洲银行、花旗银行、富国银行等世界知名金融企业都通过精益管理和六西格玛提高了服务质量，降低了运营成本，同时保证了较高的客户忠诚度。

六西格玛与精益管理的主要区别是，六西格玛侧重于通过减少变异来提升质量，精益管理通过优化价值流来提升效率。在很长一段时间里，很多企业都是共同使用两者，并称之为精益六西格玛。

JP 摩根将精益管理和六西格玛作为费用降低的一项行动引入公司，旨在全公司范围内显著降低成本。起初，JP 摩根在选定的零售业中把精益管理和六西格玛作为业务流程改进工具来应用，在抵押贷款、信用卡业务和汽车金融业方面取得了显著效果，并在随后的几年将精益管理和六西格玛扩展到所有银行零售和中间市场服务领域。

2001 年，美洲银行（现名为美国银行）将精益六西格玛质量管理技能运用到银行运营的价值链中，开始自己的质量改进之旅。这次改进不仅使 IT 与业务的关系更为紧密，提升了整个流程的效率，而且使整个银行的销售额增加了。仅 2004 年，精益六西格玛管理法就为其创造了超过 20 亿美元的利润。与此同时，精益六西格玛管理法帮助其减少了系统的硬件和软件故障，以及电子顾客渠道的整体缺陷，使顾客的满意度不断提高。不到三年的时间，精益六西格玛管理法就发展成了该银行企业文化的一部分。

花旗银行也是相对较早引入精益六西格玛管理法的银行之一。在引入精益六西格玛管理法后，其取得了惊人的成效，如私人银行内部回叫率降低了 80%，外部回叫率降低了 85%，信贷处理时间缩短了 50%，信贷决策周期缩短了 67% 等。

三、金融服务业精益管理案例

1. 网点排队问题改进案例

某知名银行的分行在主城区的核心网点存在诸多问题，常常受到用户的抱怨，主要问题如下。

一是客户拿号以后常常不知道去哪个窗口办理业务，有时候还找不到对应的人员；二是高峰时段，客户常常等待时间长，耽误时间；三是客户拿了号以后不知道要等多久，不知道当天能不能完成办理；四是客户常常因为填错资料，反复修改，占用较多窗口时间。

根据精益管理思想，该银行设定了以下改善措施。

第一，进行目视化管理改进，将各个功能区域标识清楚；第二，设立引导台，主动派号，提高分流效率，对非必要事项建议客户不通过柜台办理，而是进行自助办理；第三，通过标准化作业，预估每项业务的时间，设置看板提示等待时间，主动引导客户预期；第四，通过作业改善，提升柜台操作员的效率；第五，通过 SMED 将内部换模改成外部换模的思路，设立缓存等待区域，提前叫号，并提醒客户提前准备好相应的资料；第六，根据历史数据，分析客流规律，计算节拍时间，然后按照不同时段的节拍时间调整柜员弹性上岗。

通过以上精益管理，每日服务客户人数提升了 20%，客户等待时间减少了 40%，客户体验得到了极大提升。

2. 提升电话客服中心效率

对于很多的银行来说，电话客服中心业务是一项处于不断增长中的重要的业务，为了适应市场增长的需求，许多银行通常会成立独立的中心来应对，然而这些中心经常因为规模的不足和业绩的不足而难以维持正常运转。

一家规模较大的银行有 40 多个电话客服中心，这些中心分别隶属十几个不同的上级部门。由于管理部门的不同，这些电话客服中心的管理方式与工具、绩效标准，以及基础设施都不尽相同，整体的生产力与服务品质低于业界的平均水平。

为此，该银行使用精益管理的方式为这些电话客户中心提供管理工具或标准程序，具体包括以下内容。

第一，自动化排班软件，这种软件可以帮助电话客服中心运用来电记录预测所需的客服人员。这样就可以有效减少客服人员花在等电话上的时间，有助于电话客服中心配备兼职人员，从而有效利用人力。

第二，自动语音回复装置，使用交互式计算机根据客户的关键字回答简单问题，从而减轻客服人员的负担。

第三，标准脚本，根据过往经验，为客服人员统一提供同类型问题的互动脚本，在减轻客服人员工作量的同时确保服务的品质。

第四，自动来电转送，根据当日值班客服人员的数目，将来电自动转送到适当的地方，合理配备资源。

第五，首通来电解决程序，在客户拨打第一通电话时就尽全力解决客户的问题，这样在改善服务品质的同时可以减少客户拨打电话的次数，从而减少人工浪费。

第六，让客服人员专注在电话接听上，专岗专职，客服人员在接打电话时不需执行其他的工作，这样可以提高客服人员的工作效率。

第七，共享工作站，让不同班的轮值客服人员共享一个工作站，以减少资源的浪费。

第八，自动化预测拨号装置，这类装置在客服人员拨打电话时可以保证电话自动拨给系统中的潜在客户，减少客服人员寻找和识别号码的时间。

在采取了精益管理后，这家银行发现不仅客户服务中心的工作效率和服务品质提高了，还节约了15%~25%的成本，银行不用另行雇用员工就能增加电话处理量。这个例子说明了金融机构使用精益管理也可以产生成效，能够改善生产力、服务、成本与品质方面的绩效。

3. 加快贷款审批的速度

随着城镇化建设推进，大量人口进入城市工作和生活，房子就成了他们生活中重要的组成部分之一。但是城市的房价较高，尤其是一线、二线城市的房价。人们通常都需要申请住房贷款才能够购买房子。

住房贷款在世界很多国家的金额都非常高，也是精益管理可以大展所长的领域。

某大型银行的信贷中心遇到的典型问题如下：许多申请人虽然资质合

格，但他们的申请还是等了很久才被批准，审核放贷的周期非常长，客户常常抱怨，甚至贷款审批长的问题造成买方和卖方的纠纷；审核标准时常变动，造成客户反复补充资料；审核过程涉及部门众多，协调能力不强，效率低下；银行客户经理对业务不够熟练，造成客户反复提交资料，导致审核率通过率不高。

改善措施如下：制定可视化的贷款申请流程图和资料清单；制定银行客户经理标准作业手册，提升客户经理的资料初审能力；通过意大利面条图分析，发现一份贷款申请在银行内部的流动距离竟然超过 3 千米，说明审核人员的布局不够合理，随后通过精益布局改善，提高贷款申请文件在内部的传递效率；优化计算机后台程序，对动态更新进行积极提示，利用防呆法从根源上解决一些高发问题；当审核标准变动时，及时对审核人员、客户经理进行培训。

通过 2 个月的精益改善，住房贷款审核周期缩短了 50%，放款效率提高了 40%，一次审核通过率提高了 70%。

4. 投资并购精益管理案例

在很多投资并购的案例中，精益管理也常常能够发挥作用。

下面就是某个专注医疗器械行业投资并购机构的案例。

该机构根据客户扩大产品线和产能的需求，准备帮助客户进行投资分析，有三家备选的医疗器械工厂分布在不同的区域。

重点需要考虑以下几点：待并购的工厂是否与集团精益管理文化兼容；新的工厂是否可以和集团现有业务进行充分整合；产品和产能是否匹配；采用统一方式运营的难度。

该投资机构对三家备选工厂在以下方面进行了详细现场评估：通过与管理层沟通，了解工厂领导对精益管理的认识深度，以此来判断精益管理文化在工厂的受重视程度；通过高层级价值流图的绘制，分析了三家工厂在区位和物流上对集团供应链的融入度；通过工厂内部价值流图的绘制，了解工厂主要的产品族、产能；通过工厂内部价值流图的绘制，把工厂的问题暴露出来；通过工厂内部大型设备的布局，预估采用精益管理需要付出的成本和难度。

通过精益管理工具对三家待选工厂进行评估后，该机构帮客户选择了供应链运营成本最低、最具发展潜力的一家工厂。

王震

圣地亚哥州立大学医疗器械专业理学硕士，在中美医疗器械行业拥有超过 10 年的医疗器械项目管理和研发管理经验，在生物医学工程方面拥有 10 多项专利。现任万疆创新总经理，ONE 投资俱乐部联合创始人，独立 FA。近期跨境交易包括 Innovheart & GrandPharma、Merion 收购等。

第二十三章

精益管理在医院的应用

一、医院特点说明

医院是提供医疗服务的专业机构，主要提供的是收治病人的服务。它与别的行业的机构有很大的不同，有着属于自己的特点，主要体现在以下几个方面。

1. 服务群体个体差异大

无论年长或年幼，人都有可能进医院看病。因此，医院的服务群体涵盖范围非常广，且个体间差异非常大，医生需要根据每位患者的实际情况诊断，而不可能做统一、批量处理。

2. 流程复杂

不论是综合性医院还是专科医院，流程都很复杂。例如，挂号、排队、取号、问诊、缴费、检查、化验……如果病情特殊，还需要办理住院手续等。

3. 改进的主动性有限

大部分医院属于职能型组织，大部分科室单独完成自己的工作内容。尽管有医务科和信息科等跨职能部门，但是其对于各个科室的实际业务缺乏深入了解，所以对于质量和效率等问题改进的主动性有限。

各个科室的主任、副主任虽然对于本专业的业务精通，但是对于科室的人力资源、流程优化、效率提升等方面的问题缺乏专业培训和经验，基本靠个人学习和领悟在管理团队。另外，由于业务上的工作繁杂，他们没有太多的精力进行这些方面的管理。

4. 缺乏整体解决方案

医院缺乏高度协调一致的改善方法论，近些年高质量的医疗资源紧缺，所以急需提高优质医疗资源的使用效率。

近些年医院内部在做的一些改进基本都是围绕信息化的。而这些改进基本上是由各个科室提出需求，由第三方公司来实现需求，能做的也只是记录数据和流程电子化这些工作。由于没有在流程电子化之前进行流程再造，有些流程中的问题并未得到彻底解决。

医院在用的很多系统更多是基于医生业务的需求，而不是从医院管理的角度出发，所以设计的数据埋点并不便于管理者收集和分析数据并发现问题，医院在进行信息化或其他方面的改进时，往往都是头痛医头、脚痛医脚，缺乏对问题的根本原因和系统原因分析及与之配套的整体解决方案。

二、精益管理在医院推行的情况

1. 精益管理在国外医院推行的情况

精益管理最早是在制造业中得到广泛应用的，随后被应用到各行各业。我们很难确定医院是何时开始推行精益管理的，但是可以知道的是，20 世纪 90 年代初，美国密歇根的部分医院就已经在同区域汽车厂商的支持下，开始在一些部门推行精益管理的方法，应用精益管理的工具。

目前，国外很多医院及相关机构都已经开始应用精益管理的方法，并在多个方面取得显著的成果。其主要的成果有缩短患者排队等待的时间、缩短患者手术的时间、提高病床的周转率、减少设备维护的时间、减少取药等待的时间、提高医护人员的效率等。

2. 精益管理在国内医院推行的情况

21 世纪初期，在一些世界级大型医疗器械制造商的推动下，国内的医院也开始在精益管理方面进行一些有意义的尝试。

近年来，公立医院改革的推进，对公立医院提出了新的要求，促使公立医院积极主动推行精益管理，努力成为精益医院。

国内医院推行精益管理主要集中在以下方面。

一是通过 5S 管理来维护医院良好的环境。

二是通过目视化管理来引导患者流动，减少患者寻找和等待的时间，案例如下。

案例链接：通过目视化管理优化门诊导引系统

现有问题：

医院的患者较多，而门诊又是患者去各个科室的必经之地，有些患者想去一个科室或者想做某项检查却经常找不到地方，这时他们就会询问"穿着白大褂"的医院工作者，这无形中占据了每一位医疗工作者的时间。同时并不是所有的医疗工作者都清楚每个地方在哪。而医院的解决方案通常是自己选择地点，设计一个地标或者指引标识，让广告公司或者打印店制作一下就开始粘贴这些标识。这种做法的坏处是标识粘贴的地点并不是大多数患者能看到的位置，地点如此繁多，而粘贴标识的空间是有限的，究竟该如何设计呢？另外，即使设计了标识，患者也可能不去看指引标识。种种问题并未得到有效解决。

应用到的精益工具：目视化管理。

解决方案：

首先，从精益管理的角度来说，标识设计的不合理造成了大量的"等待"和"无效移动"。

其次，调研发现，患者是有主流起点和终点的，而且指引标识需要成体系地解决此问题。患者的路径通常是跨楼层甚至是跨楼栋的，所以局部的标识并不能起到明显的引流作用，造成了大量的人流对冲。

最后，当通过全流程的数据分析，确定关键路径的起点和终点后，依据情况给出相应的标识（见图23-1），就在很大程度上减少了患者的问询次数，减轻了医疗工作者的负担，让门诊的人群更快地分流到目的地。

三是通过 TPM 来维护医院设备，减少设备的故障率和维护时间。

四是通过标准化作业来提升医护人员的专业技能。

五是通过精益布局来缩短患者和医护人员移动的距离。

六是通过 SMED 来减少手术的时间。

图 23-1 门诊导引系统的部分内容

案例链接：预约流程优化

项目背景：某项目是某医院的优势特色项目，就诊患者数量多，排队长。在做该项目之前，要有必要的化验，为了提高准确性，部分患者还会进行相关超声造影检查。

由于患者多、流程长，且开单、缴费、预约部署在多个楼层、部门和窗口，患者行走距离长，花费时间久，而且容易出错。患者的满意度低，甚至引发过矛盾，影响了临床工作。为此，医院提出要减少该项目预约流程与行走距离，提高患者满意度。

应用的精益工具：价值流分析；标准化作业。

解决方案：

首先，通过精益管理的价值流分析发现问题，通过对过程流和信息流的梳理发现的问题之一就是对相关信息的错误解读。之前预约处认为一个患者一天只能开两项检查，因此需要患者分两次开检查单，严重增加患者的预约时间及流程复杂度。职能部门较少沟通交流，没有进行过跨职能流程分析，所以问题持续存在。

其次，通过跨职能沟通，针对检查日完成后的其他检查项目是否可以合并检查，进行可行性讨论。

最后，修改标准作业文件，明确规定检查日完成后分诊台一次开出所需要的其他检查项目，穿刺日只需要报到进行穿刺即可，同时对相应的软件系统进行修改。

总结：医院很多的问题都是系统化的复杂流程问题，而面对这些问题的医院管理者在高强度的医疗工作负荷下大多数只能站在本部门的角度，在自己管辖的范围解决问题，对整体流程缺乏全面了解。因此，医院急需长期为自己服务的跨学科管理人才来深入、系统地解决医院内部的流程问题。而管理者如能同时对精益管理方法和医院本身的实际状况有较为深入的了解，就能解决流程中出现的大部分问题。

郭克科

六西格玛黑带，精益专家，国家二级心理咨询师，拥有在多家医院、制造业企业和世界500强医疗器械企业的工作经验，对目前国内医院运用精益管理理念、优化管理流程所面临的问题和整体解决方案有着独到的见解。

第二十四章

精益管理在食品行业的应用

食品加工行业和餐饮行业受到了制造业方法论的影响，积极应用精益管理的工具进行改善。

精益管理不仅在传统的制造行业适用，在食品加工行业和餐饮行业同样适用。尤其是在保质期较短的食品的加工方面，精益管理更加能够发挥威力。通过精益管理的应用，食品行业可以为客户提供更高质量的产品和客户体验。同时食品行业的企业，通过精益管理，可以显著降低自己的运营成本。

一、食品行业特点

食品是人类赖以生存和发展的基本物质，是人类每天需要也会消耗的物质。

食品行业主要有以下特点。

1. 食品行业的安全性要求非常高

俗话说："民以食为天，食以安为先。"食品是人类赖以生存和发展的根本，食品的质量决定了人类的健康。因此，对于食品的安全程度，我们不得不关心。

2. 食品行业库存周转率要求高

虽然食品的保质期相较于原来变得更长了，但是对于大多数人来说，还是希望能够尽可能吃到新鲜的食品，这就对食品的周转率提出了要求。在食品行业，从业者不仅要对市场做出迅速反应，生产与之匹配数量的产品，还要能够在降低成本的同时及时配送食品。有时，为了配合促销或者上架的需求，会进行拆包、并包、组合包装的行为，这又对食品行业的库存和物流管理提出了极高的要求。

3. 食品行业客户的个性化需求增多

一方面，随着物质生活水平的提高，人们的生活条件越来越好，单一的食品种类已经满足不了人们的需求，人们渴望获得品种丰富、口感多元的食品。另一方面，随着消费者需求的多元化，市场已经从供不应求到大众化需求，再到小众化需求，现在已经发展为个性化需求，整个市场的营商环境发生了极其深刻的转变。随之而来的是食品的生产加工方式从传统的"单品种多批量"向"多品种小批量"转变。

4. 精细加工的程度比较低

不可否认，当前我国食品工业的发展程度不够高，主要以农副产品初加工为主，精细加工的程度比较低。然而，整个食品行业竞争非常激烈，为完全竞争行业，行业的技术水平不高，集中度低，中小企业比例高，且同质化严重。这导致了食品行业的价格竞争激烈，利润空间狭小。随着食品企业的优胜劣汰，食品行业将朝着高商业化的方向发展。

二、食品行业国外企业推行精益管理的概况

食品行业经历了手工生产方式、大规模生产方式和精益生产方式。

在流水线出现之前，人类的食品加工方式基本上都是手工生产。约150万年前，我们的祖先就能够利用火对肉类和蔬菜等进行简单加热处理。公元前9600年，就出现了如干燥、熏制和盐渍等简单的食物保存方法。这些方法和技术经过改进和改良后，一直沿用至今。

此后，随着人类文明的不断发展和人们对食品需求的不断提高，开始出现了大规模生产方式，其中具有代表性的是美国。美国是食品大国，食品加工业起步早，发展快，专业化、规模化、区域性、机械化等程度高。20世纪初，随着谷物装卸机和罐头的发明，美国的食品行业进入起步阶段，到了20世纪中叶，快速冷冻技术的发明又进一步加快了食品行业的发展。美国的农产品未经加工就售卖给终端消费者的比例少，大多数的农产品都是经过初步加工或者精细加工后才进入消费者市场的。如今，随着食品加工技术的更迭，原有的大规模生产方式受到了挑战，相关企业必须提

高劳动生产率，降低成本。

在大规模生产方式之后，食品行业迎来了精益生产方式，以日本为代表。日本的人口多，土地少，市场容量非常有限，并且市场化较早。日本消费者对商品和服务的方便快捷有着较高的要求，同时非常在意食品给家人的身体健康带来的影响。与美国市场相比，日本市场对食品的多元化要求更高，对食品更新迭代的需求也更高，因此，传统的大规模生产方式很难满足日本食品加工业的需求。

随着精益生产方式在丰田汽车公司取得巨大成功，其他行业开始纷纷借用精益管理的方式，尤其是库存周转率要求更高的食品加工行业对准时化生产的要求更高，所以其中的企业更是积极应用精益管理的工具改善自己的业绩。

日本食品加工行业、餐饮行业的企业，通过积极应用精益管理的工具改善客户体验，提高品质，提升效率，降低成本。

例如：通过预定的方式，准备适量的食材，减少库存积压，避免浪费；通过5S管理，为客户提供干净卫生舒适的就餐环境；通过精益布局设计，最大限度地利用店面，为客户提供更舒适的体验和更快捷的服务；通过标准化作业，为客户提供一致的体验；通过多能工的培养，应对客户需求的不确定性；通过SMED，减少食物加工过程中的切换时间，减少客户的等待时间；通过看板管理，按照客户进餐的节奏提供食物，保证客户在最合适的时间享受美味的食物；通过上班前的早会和下班后的晚会进行总结，发现问题，持续改进。

在整个食品行业的供应链管理上，日本企业也在积极应用精益管理的方法，主动开展需求预测，规划最合理的配送方式和配送路线。

1. "寿司之神"小野二郎的精益门店

小野二郎的寿司店名叫"数寄屋桥次郎"，开在地下室里，只有10个座位，却在2007年被《米其林美食指南》评为三颗星的美食店。该指南认为其拥有世界上最好的寿司服务，使这家寿司店第一次被大众所熟知，此后多年，小野二郎的寿司店都在米其林餐厅的三星榜单中。

不少人都在赞誉"寿司之神"背后的工匠精神，其实除了个人的努力和执着，精益管理相关理念和工具在餐饮行业的应用同样功不可没。

第一，从产品族的选择来说，小野二郎将品类很多但是加工过程近似的寿司作为主打产品。

第二，店铺小，座位有限，所以客户需求的数量相对固定，这保证了销售预测的稳定性，避免了波动和过载。这样店家就可以把更多的精力花在消除浪费，为客户提供更有价值的产品和服务上。

第三，采用预约制，提前确定客户，然后积极了解客户的个人喜好，选择最合适的食物搭配，安排合理的生产制作计划和物料采购计划。

第四，店面布局非常符合精益管理的连续流和可视化理念，从后厨到寿司制作区域，再到客户用餐区域，整个过程非常连续，避免了来回走动的路线浪费和人员交叉可能造成的食材污染。客户在用餐区域就可以看到整个寿司制作的过程，可视化程度非常高，让客户不仅吃得放心，也有一种精神上的享受。

第五，大量采用了自働化的简单辅助设备，保证产品的质量，缩短产品加工的时间。例如，利用特定的工具固定鱼头和鱼身，便于鱼肉精准切割。

第六，将准时化发挥到了极致。准时化的核心是按照客户需要的时间、需要的数量，为客户提供最佳的产品。因此，小野二郎将用餐时间控制在 30 分钟之内，并将寿司的最佳赏味期定为 20 秒。

第七，通过拉动系统来保证准时化的实现。小野二郎在做寿司时会积极观察客户的谈话和行为，重新评估节拍时间，并安排寿司的制作，尽量保证按照客户的节奏提供寿司。这与麦当劳、肯德基等单纯追求快速出餐效率是完全不同的。

第八，通过均衡化生产来满足客户的丰富体验。小野二郎在为客户提供寿司时，不仅按照客户的节奏提供寿司，还会根据客户的年龄、喜好提供营养搭配，调整制作顺序，这就是均衡化生产的实际应用。

第九，持续改善和追求完美的精神。制作寿司多年，小野二郎始终在追求做得更好。简单来看，小野二郎的寿司店的管理也类似于工厂的4M1E管理，先让4M1E要素稳定下来，然后不断提升4M1E的质量，最后按照客户要求的节奏提供产品。例如，在加工环境和用餐环境上，5S基本上是每天的必需课，对很小的门店也会投入很大的资金进行装修。

2. 某饮料企业精益改善案例

2012年，某知名饮料企业为了应对市场的发展和欧美日饮料巨头的竞争，准备学习竞争对手已经实施多年的精益管理方法。在经过专业团队系统的精益评估后，其主要发现以下问题。

第一，生产区域的5S管理没有落实。没有色彩标识系统，不知道每个物品应该摆放在什么区域、每个划定的区域该摆放什么物品，缺乏目视标识，现场较少看到5S定期检查报告，个别设备上还有许多灰尘，跑冒滴漏现象普遍，产品、垃圾、水、油等都混合在一起。安全体系也不容乐观，仓库叉车、其他厂区车辆无速度限制。

第二，目视管理没有落实。现场无生产日报，无安灯系统。生产目视管理信息很少，生产异常状况难以识别，异常状况的处理、报告迟滞，每天每小时效率损失较少受到及时关注，没有明确的地址系统。

第三，质量方面存在问题。没有发现广泛的防错措施，也没有开展广泛的QC活动。

第四，没有落实合理化建议，没有合理化建议程序，员工缺乏合理化建议活动参与热情，企业没有这方面的文化氛围，没有合理化建议的评估、实施和奖励以及周期追踪体系。

第五，设备管理方面，有设备保养文件，有设备点检制度，主要依靠操作员进行点检，设备部较少进行设备点检。没有具体的大修计划、实施记录和效果追踪，体系需要完善，应改靠人推动为制度推动。有预防性保养程序文件，有作业指导书，记录多为定性描述，量化内容较少，事后维修分析解决过程简单，没有过渡到预防性保养。现场作业员只有检查操作和记录，且点检记录量化内容很少，较少维护保养内容。产品换线时间长，某设备换型需要10小时。

第六，物流方面，生产计划不均衡，没有超市库存管理概念，尚未形成库存控制的体系。库位控制不合理，没有最大和最小库存限制，没有短缺和溢出的警告目视管理。没有拉动系统，生产以计划为主。物料库存较多。没有出货窗口概念，没有目视管理出货活动。

专业团队通过与领导层的沟通，制订了一个三阶段改善计划。

第一阶段：工序内的改善。

目标：目视化生产管理；工作环境简单高效；标准化作业。

关注 KPI：人均生产能力；生产效率；单个流程式生产周期。

第二阶段：工序间的改善。

目标：无间断操作流程；生产布局优化；拉动式生产；流程自働化控制体系。

关注 KPI：生产周期；准时交货率；使用空间（使用面积）；在线库存；一次通过率。

第三阶段：供应链的改善。

目标：生产计划系统；物料拉动系统；生产单元内部信息链接；库存控制系统；柔性生产系统性。

关注 KPI：准时交货率；缺料停线时间；库存资金额；生产资源使用率。

该企业采取的整改措施有以下几点。

一是精益差距识别及实施计划。选择试点产线和重点产品；开展重点产品现有状态和将来状态价值流图研讨会；分析差距；具体实施计划。

二是日常生产监控和反馈。落实日报、周报、月报等问题反馈制度；落地日常问题沟通和会议制度。

三是建立精益管理推进体系。完善组织架构；细化职责；完善奖惩机制（包括操作员的）、项目管理制度；建立改善成果展示（Kaizen Show）和精益巡检（Lean Walk）制度；建立经验和成果分享机制。

四是让现场管理有序。生产线区域空间管理标准化 5S：定义生产线区域的功能使用，奠定以后扩展的方向，包括无用物品的标识标准；明确处理、清洁和维护要求；建立持续改善机制。可视化标准：建立生产线信息指示系统，包括目视标准、监控和维护、改善。地址系统：明确生产区域代码和库存地址编排的定义。信息交流中心：用作经验交流和标准平台。

五是质量改进。明确管理层在质量管理中的角色；完善质量事故处理流程；测量系统分析；流程稳定性、能力评价；完善流程控制计划；应用防呆法。

六是均衡生产 & 拉动信息流改善。原材料计划数据库：定义每个物料的最大和最小库存量、包装、运送频率等；完善生产计划、出货计划，包括需求预测、均衡化生产计划、小批量政策、中间库存计算、出货管理。存储管理：进行原材料、在线库存及成品库存管理，包括超市管理、周转箱标准化及管理、成品库存计算、成品库存管理、备品备件管理等。内部拉动系统：内部流程间物料以及半成品流动的拉动驱动方式，包括生产线内部拉动、生产线和仓库间拉动、发料标准化路线确定、数量和时间计算。

通过一年多的精益改善，该知名饮料企业生产工厂的 QCDMS 都得到了极大提升。

郭耀纯

数学与应用数学学士，工商管理硕士。

2005 年获得六西格玛黑带认证。

2013 年获得美国项目管理协会 PMP。

2016 年获得 500 强企业认证"金牌培训师"。

2016 年获得六西格玛黑带大师认证。

拥有超过 16 年的企业大型项目统筹和实战经验。擅长将战略管理、项目管理等系统化方法论与企业运营管理紧密结合，为多家世界 500 强跨国企业和国内上市公司提供绩效提升管理咨询服务，提供精益生产和六西格玛培训、咨询服务，帮助企业显著改善运营质量和效率。